En annan värld, minnen från Kina 1961–62

安全航行
禁止抢档

集中思想
谨慎驾驶

目次

83
慶

在「新語」全面來臨之前：一個中國關鍵時刻的切片

郝譽翔
國立台北教育大學語創系教授

我向來喜歡看西方人撰寫的中國遊記。從《冰島漁夫》的作者、也是法國海軍上校皮埃爾・綠蒂（Pierre Loti）的《在北京最後的日子》，捷克漢學家普實克（Jaroslav Pr šek）的《中國・我的姊妹》，到《紐約客》駐北京記者何偉（Peter Hessler）的《尋路中國》、《甲骨文：一次占卜現代中國的旅程》等等，他們彷彿是藉由一雙異國之眼，隔著距離，反倒更能一針見血道出我們往往視而不見的真相。

如今林西莉的《另一個世界》又再次為我們提供了一扇窺見中國的門窗，而且她所經歷的一九六一至一九六二年可以說是至關重要，這個時間點恰正是中國經歷了艱苦的韓戰，以及一九五八年發動「大躍進」之後所導致的嚴重饑荒，全國上下因此瀰漫著一股苦悶的高壓氛圍，而在現實生活中物質條件又是極度的貧乏。當時還不到三十歲的林西莉從瑞典遠道而來學習中文，目睹到的卻是一個死氣沉沉的國家。

在《另一個世界》這本書的開頭，林西莉難掩對中國的失望，她描述自己所身處的北大就像是「一所填鴨式的小學」，充滿了「虛偽、謊言和沉重的宣傳氣氛」，而外國的留學生如果不是因為領了政府的公費，早就立刻打包行囊返回自己的家鄉。然而隨著林西莉的腳步逐漸踏出大學的圍牆，來到了北京的胡同深處、郊區農村，乃至加入了隱身在北京護國寺街一個四合院之中的「古琴研究會」，開始學習古琴以後，她才終於向我們展示了真正的「另一個世界」：一個掩藏在政治口號表象下的庶民百姓日常生活，以及深深扎根在這塊古老土地上的傳統文化。

換言之，《另一個世界》點出了當代中國表裡不一的矛盾、複雜和悲哀。林西莉在書中描寫了一個從一九二〇年代末期就參與中國左翼革命的溫斯爾教授，一九四九年解放之後他留在北大教書，但六〇年代社會瀰漫僵化的教條主義、監視迫害，以及令人絕望的經濟狀況，都一再讓他感到愈來愈加迷茫。「這些都不是我們奮鬥的目的，」溫斯爾教授悲哀地說，「三十年前我們希望看到的是一個完全另類的社會。」然而那個「另類的社會」永遠沒有到來，即使改革開放進入了二十一世紀，它依然只是一個不切實際的烏托邦夢想。

所以如果跳過了林西莉所親眼目睹的一九六一年，我們或許將難以理解中國左翼革命好不容易成功，又極其艱難地通過了韓戰的考驗後，為什麼竟會完全悖離了三〇年代所規畫的理想藍圖？而這又如何左右了當代中國的走向，乃至到了已經相當資本主義化的今日，它集權的本質卻仍如此的堅固頑強，一如林西莉在五十多年前就已經見到的，這是歐威爾《一九八四》在現實之中活生生地上演，而直到今天，這齣戲尚未落幕。

林西莉經由她的西方之眼，加上深厚的國學素養，往往不需要艱澀的理論，從日常生活中就能夠敏銳地揭露問題的核心。譬如她描寫北京大學的學生宿舍，一個小小的房間中就擠進了六到八個人。林西莉訝異中國學生竟能甘之如飴，因為「有自己的房間或是與人合住，並不是中國學生追求的最終目標」。而她也進一步觀察到：「他們絕大多數人害怕孤單，很多人從沒在別人視線以外獨立生活過。對他們來說，集體構成生活本身的基礎，群體帶給他們安全感。」所以通過現實生活的小小細節，林西莉便精準地道出個人主義在中國之所以無法發達的原因。

她也意識到在這個時間點上，中國的語言正在產生劇烈的變化，一種官方創造的新的語言正在誕生：「改造思想，一個活生生的頭腦被打破，而填進合適的因素。不僅要學會說我明白了，還要含淚說『愛』。」她把這種語言稱之為「新語」，這是一種被嚴格限定使用範圍的語言，是全面控制思想的工具。這種語言滴水不漏，只能表達當權者允許的東西，不可能批評當權者，因為裡面沒有這類文字。這種「新語」讓中國的知識份子啞口無言，而如今它沒有死去，還依然活躍在媒體、網路和一切和文字有關的媒介之上。這種「新語」改造了中文，它摧毀了自由的可能，以及想像和創造的潛力。

在《另一個世界》中，林西莉關注的是「新語」還沒有掌控的角落，在那兒還殘存著這塊古老大地的活力。於是林西莉的眼光從北大的課堂講台，開始轉入北京胡同的日常生活之中，從王府井、天安門、長安大街，到最具庶民氣息的前門、大柵欄、天橋、珠寶市大街，她鮮活的文字搭配攝影機鏡頭，詳細記錄了北京這座古城原汁原味的面貌。

然後她繼續往南行，來到上海，那時的浦東還是一片荒涼，「大世界」仍然像一九二〇年代郁達夫所描寫的，上演的是各種中國傳統表演藝術，從雜耍、京劇到木偶戲。她的足跡還繼續南來到蘇州、杭州，運河上面仍有舟楫頻繁地往來，繼而她又到河南古都洛陽，當時的龍門石窟除了她之外，幾乎見不到什麼遊客，彷彿被人給遺忘。

而那時也沒有人料想得到，幾年之後，便會有一場更加酷烈的鬥爭來臨。在文革瘋狂席捲中國、摧毀傳統，「新語」從此全面滲透到每一個人的大腦之前，林西莉記錄了底層中國最後的溫潤人情，即使在那時已經隱隱浮現了許多令人不安、黑暗的斑點。

林西莉的中國記憶

陳穎青
資深出版人

林西莉不是高量產的作家，至今在台灣她總共只出版了《漢字的故事》和《古琴》兩本書，《漢字》在台灣銷售量超過七萬冊，對於一本以甲骨文為主要內容的書來說，這真是一個驚人的數字。《古琴》則是另一種傳奇。出書前，我在自己的朋友圈做了一個非正式的調查，知道古琴是什麼東西的人，比率不超過百分之三。甚至我自己在林西莉寫作本書之前，也不知道古琴是什麼，我一度以為「古琴」是古代弦樂器的總稱。看了《古琴》我才知道，古琴、古箏、琵琶，都是某種弦樂器的專有名詞。在這麼微小的市場基礎上，這本書還能賣出超過一萬冊，遠遠超出我預料之外。

這兩本書代表林西莉畢生跟中國傳統打交道的興趣、心血與情懷，那裡面充滿了知識、見聞與她行走大江南北的印證。而這本書正是那些印證的基礎。

一九六一年，林西莉到北京大學開始她的中文求學生涯。她抵達中國的這一年不幸卻是中國「解放」後最為艱困的年頭，在中共歷史上稱為「三年困難時期」，而在非官方背景的學術著作裡則稱之為「中國大饑荒」。源於一連串政治掛帥的錯誤決策，中國農村的生產力急速凋敝，導致了大規模的饑荒，全中國因為饑荒而餓死的人數，估計最少的也超過一千六百五十萬人，而寬一點的估計則在四千萬人以上。

林西莉在這樣的年頭來到中國。以致於她的中國回憶充滿許多荒謬、古怪的情節，泛政治化的教材內容，十足官僚的行政體系（即使在北京大學也一樣），餓到吃校園樹木的同學，以及被迫要去打維他命針劑的她自己……直到她接觸到古琴研究會的古典中國文化精英，我們才開始看見她的留學生涯產生真正意義的學習。

林西莉的回憶像一則一則上個世紀六〇年代的中國切片，從校園到古典文化，她幾乎沒有寫到中國解放後的每一個驚心動魄的政策，三反五反、反右、大躍進、人民公社、文化大革命等，但在她的生活範圍，她直筆記錄了每一個政策對底層人民生活的影響。思想檢查，言論管制，飢餓，還有那些她留下姓名的師友。她的筆法有很清楚的褒貶，所有沒有姓名的人物，不是她未深交，不然便是負面角色，只有那些記下姓名的，才是她念念不忘的師友。

她的寫作風格乍看起來平鋪直敘，但在白描處讓你看見荒謬，在學琴歲月讓你看見執著，而在文革後的恩師追尋記，則讓人看見一則感人至深的重逢。這本書絕對是極重要的時代紀錄，對政治她沒有直接的褒貶，但評論自然體現在情節之中。

作為台灣讀者，我們因她而見證了一個荒謬的時代。那樣一個舉國癲狂是如何可能，又是如何在任何生活的細微處被接受奉行。《一九八四》的情節真實地上演。一方面這是理解中國的重要材料，另一方面，則是理解林西莉之所以對中國文化結下深厚情緣的原因所在。

林西莉的回憶因此是一則見證。林西莉是在汙濁中提煉光明的聖手。

好評推薦

關於文化大革命的討論，台灣的中學歷史教科書，仍不脫漢賊不兩立的仇共史觀，仍以批判毛澤東的個人暴政為中心。在這種視角教育下的中學生，很明顯地是看不到「真實的世界」。

早在一九七四年哈佛大學教授羅德里克．麥克法夸爾（Roderick MacFarquhar）教授於所出版的《文化大革命的起源》第一卷，已提出新的觀點。本書雖稱是西方學者研究文革的最早著作，但討論的格局已相當地寬廣。麥克法夸爾從一九五六年談起，放大討論文革的框架。他將毛澤東放入此時期中蘇兩國論證社會主義道路的正確性之脈絡，來討論文革的發生，此角度跳脫奪權的權謀鬥爭，正面地看待毛澤東為對抗修正主義，以便落實社會主義的角度來分析文革的起因。此世界史的角度，自然是站在同情毛澤東堅持理想性的立場，也是目前學術界的主流脈絡。

在瑞典漢學家林西莉所著的《另一個世界》一書中，我們透過一位外國留學生的觀察，的確可以看到當時中國大學校區裡，爆發多起中國學生與外國留學生的衝突，尤其是從親俄國家對中國的不滿中，可以嗅出中蘇對立的緊張氣氛。但更重要的是，透過林西莉的記錄，可以看到政治鬥爭與國際霸權爭奪角度下所看不到的社會風氣與情感心態轉變，原來在歷經三反五反與整風反右運動後的中國，怯弱盲從與下凌上、黨高於家的意識，已是種集體心態，這些伏流，才是誘發文革洪水發動的潛在力量吧。

莊德仁
台灣師範大學歷史博士，北市建國中學歷史老師如果你喜歡何偉的《尋路中國》，你一定不能錯過這位以《漢字的故事》著稱的瑞典漢學家林西莉的《另一個世界》。有人說她就是「六〇年代的何偉」，但我覺得她更具有歷史代表性。在那個照相機不普及的年代，這位隨著在瑞典駐華大使館工作的丈夫到中國的女子，透過一台借來的德國相機，拍下一萬多張照片，記錄在中國的所見所聞。透過這些照片及留下來的六大本日記，這位漢學家挑出兩百多幅照片，將焦點集中在一九六一至一九六二年來到中國的頭兩年，書寫出她的所見所聞。那是個什麼樣的時代的中國，著實令人好奇！

蔣竹山
東華大學歷史學系副教授

42

十分抓紧，按人定量，
忙时吃干，闲时半干半
萝卜、瓜豆、芋头之类。
每年一定要把收割、保
管、吃）抓的很紧很紧。
可失，时不再来。一定
点，逐年增多。

节约粮食问题。要
忙时多吃，闲时少吃，
稀，杂以蕃薯、青菜、萝
此事一定要十分抓紧。
管、吃用三件事（收、管
而且要抓的及时。机不
要有储备粮，年年储一

收麦
SHOU MAI

另一個世界

瑞典漢學家林西莉眼中的中國 1961-1962

En annan värld: Minnen från Kina 1961–62

林西莉◎著／攝影
李之義◎譯

修理合 藤品

確有其事嗎？

很多往事記憶猶新。我至今記得北京大學那淒涼的環境，我初來中國時在那裡學習漢語。大堆大堆的爐灰。學生們在大操場上練習太極拳，或站在周圍看壁報，他們還在那裡吃從大食堂打來的份兒飯。大教室寒氣逼人，我們都穿得鼓鼓囊囊的，穿著大衣，戴著帽子和手套，把雙腳儘量從冰冷的地面抬起來。一呼吸就從嘴裡冒白煙。

我至今記得那種氣味，確切地說是糞味。春耕開始時，農民往田裡撒糞肥，臭味從校園圍牆上方飄進來，如今這個地區已變成中國的矽谷，世界上最現代化和最先進的技術在這蓬勃發展。當春天總算姍姍到來時，學生爬到樹上吃榆錢，把它們當美味佳餚。為了能把它們抓到手，很多嫩綠的枝杈被折斷。我滿頭霧水，不知道是怎麼一回事。

「怎麼會沒有人管？他們在毀壞樹木。」我在老師面前抱怨。

「國家在鬧饑荒，」她謹慎地說，「從去年秋天到現在，我們誰也沒有吃過任何新鮮蔬菜。」情況到底有多嚴重，我問過的人當中沒人能說清楚。

我站在南河沿邊附近的汽車站等車，背著那把有千年歷史的宋代古琴，古琴有厚厚的絲絨琴套。

我要到古琴研究會去上課。我記得，要費九牛二虎之力才能擠上已經擠滿人的汽車，我當時多麼擔心樂器被擠壞。我在研究會看到，為了美化那破爛不堪的牆壁，大家在上面糊了薄薄的白紙，掛上漂亮的書法和竹簾畫。

還記得位於城西南宣武區的中央音樂學院，我在那裡如飢似渴地學習有關中國古典音樂的各種知識。那裡有著催人奮進的學習環境。每個角落，都有積極進取的年輕學生不停練習演奏，樓梯上有人彈琵琶，大廳裡有人拉二胡，廁所外面有人吹笛子。整棟大樓在各種樂器演奏聲中顫抖。

我也記得洛克菲勒醫院（協和醫院）特殊營養科，在王府井商業大街以東幾步遠的地方，那裡擺放著有山茶花和杜鵑花的美麗瓷花盆。為了醫治脫髮，一連幾個月，每到星期四我都要到那裡注射B12和BOC（包裝盒上是這麼寫的），我的身體一下子很難適應這種增加蛋白質的新營養療法。

這些往事久久留在我的腦海裡。從一九七三年起，我每年都要回中國一兩次，這些往事就又都鮮活起來。今日的王府井步行街商廈林立，國際所有名牌產品琳琅滿目，在五光十色的背後，我似乎看到了它昔日的模樣：一條房屋低矮、破舊的街。記得我經常去逛王府井百貨大樓，買一個熱水瓶，一個洗臉盆，或者其他東西。然而有時被告知，過一兩周再來，因為國家面臨嚴重經濟危機，倉庫裡沒貨。我還記得大堆大堆的白菜，那是中國人過冬吃的主要蔬菜，秋天時，農民用馬車把白菜運到城裡，到處都可以看到晾曬白菜的景象，樹上、各家各戶院子裡拉的繩子上，甚至在胡同兩邊擺放的蜂窩煤上。

◆

在一九六〇年代的中國，有私人相機的人少之又少，但過了一代人以後已經很普遍。當年有相機的人主要為圖片公司工作，製作的照片是為了支持社會主義建設。

一九八六年，斯德哥爾摩舉辦過一次蕭三夫人葉華[1]攝影作品展，當時她已在中國生活四十多年，為新華社工作，我為《每日新聞》對她做了一次採訪。她一九一一年出生於德國，在定居中國、成為一位中國領導人夫人前，也曾在斯德哥爾摩從事過幾年人像攝

影。採訪尾聲，我小心翼翼地問她，展出的照片怎麼絕大部分都是官方人物和環境，反而很少反映中國的日常生活。

「比如，為什麼沒有拍攝任何一張你所居住的市中心那條街道上的人從事各種活動的照片？修鞋的、洗衣服的、露天吃飯的等等。」

「親愛的西莉，給那些貧窮、髒兮兮的人和環境照相，與攝影藝術並不相干！我絲毫不感興趣！」

◆

我去中國前從未涉獵過攝影，也沒有相機，不過我借了一台，拍了一部分照片，當成經歷各種事物的某種日記。它們與攝影藝術無關。但我希望這些照片和我寫的文字，能共同構成昔日在中國真實生活的一瞥，那是一個已經消失的世界，但我們必須要理解它，並且要知道它與現實的聯繫。它可能顯得有些遙遠，但曾經存在過，就在一代人之前，是幾億人的日常生活。

收入此書的大部分照片來自北京城內及其周邊地區，因我大部分的時間在那裡度過。不過，自然還有其他原因。對外國人來說，一九六〇年代初，外出旅行很複雜。不僅是買火車票的問題，還要得到很多不同部門的許可，此外全國絕大多數城市還處於「封閉」狀態，也就是不對我們開放。

儘管如此，我還是有幸參訪了一大批城市。

幾十年過去了，我多麼希望自己當時能勇敢地走近遇到的人，記錄下他們的音容笑貌、家庭和工作單位。但我沒能做到。我只是專注簡單地把自己融入他們之中，成為他們當中的一員，像一般人那樣，大家見見面，不因為攝影與他們拉開距離。因此收入本書的材料有很大的缺陷，不過在當時的情況下，這是我所能做的一切。

當年很多中國人認為照相是件很危險的事，特別是農村人。認為照相會吸血、會把魂勾走，因此很多人一說照相就馬上走開，也擔心變得引人矚目。我哪裡和別人不一樣？我犯了什麼錯？為什麼只給我照相？這很危險！最好的辦法是儘快溜走！

我小時候，照相在瑞典也不是常有的事。很多人結婚時，到相館拍一張結婚照，爾後終生擺在大房間的櫃子上。一般人（主要是男人）到五十歲才開始照相。像現在這樣，無論走到哪裡，都會遇到大拍特拍的情景，快樂的晚宴照，給好看的貓狗照相，平時歡樂的情景不分晝夜都拍，把這一切都記錄下來，當年可不是這種情況。

◆

這本書不是講述一九六一年到一九六二年中國所處困難的政治、經濟和民生狀況；不是講述當時複雜的中蘇、中美關係；不是講述當局想集中力量立即實現國家工業化，而施行人民公社、大躍進運動，導致三、四千萬人死亡或者根本沒生下來就死亡的；也不是講述國家領導人的內部衝突，而導致幾年後文化大革命，文化大革命是毛澤東時代最後一次災難性瘋狂舉動。所有這些具有決定性意義的大事件和現象，構成我所講述內容的背景，它們不是書的核心內容，因此一筆帶過。

在這部作品裡，我從另一個角度講述一九六一年到一九六二年，在中國兩年的所見所聞，當時我還是個沒什麼閱歷的青澀西方青年，對所有事情都似懂非懂，處於一個奇怪的中間狀態。經過幾十年艱苦卓絕的鬥爭，一九四九年共產革命成功了，一切都已步入正軌，為什麼人民還會挨餓？今後怎麼辦？沒有人知道。身為一個局外人，我以自己的經驗講述我如何把中國視為洪水猛獸、在很多方面都厭惡它，到漸漸理解，最後不顧一切地愛上她。這得益於我接觸了中國文化，特別是文字、音樂和結交了很多各種不同個性的人。

在我寫這本書時，那兩年寫的六大本厚厚的日記幫了大忙，我把每天所見所聞都寫進日記裡，疑惑、問題、擔驚受怕，特別記下了我遇到的幾個人的情況。我還得益於寫得密密麻麻的七十九封家信，經常有好幾頁，我在信中仔細講述了五十多年前在中國的生活。我是與當年的丈夫斯文一起去中國的，在那裡一起度過兩年，不過我們的生活在很多方面完全不同。這就是我的故事。

注釋：

1. —— 葉華（Eva Sandberg，一九一一－二〇〇一），生於德國，為中國共產黨黨員蕭三的妻子。蕭三是毛澤東的同學，一九四九年之後主要負責對外文化交流工作，曾任文化部對外文化聯絡局局長等。

一九六一年春天我借了一台德國福倫達 Bessa 66 箱式相機，規格為 6×6，是一九三〇年代末的產品。很遺憾，當時大部分相機都沒有測光表，必須自己手動調光。什麼是 1/8、60 或者 125？對於一個新手來說，比大家想像得要困難很多。我從一位外國外交官那裡借了 Lunasix 牌的測光表，只能借一天，對於我來說，這是一次偉大經歷。我帶著它走到室外，學習不同環境下的測光。自己先估計一個度數，然後再與測光表測得的度數相比較。這是漫長而收穫頗豐的一天。然而我必須把測光表還回去，此後我又得靠自己。

測距離也不簡單。鏡頭的前方有一圈細細的刻度表，借助它可以測距離，但遺憾的是很難確定：1.0、1.2、1.3、1.4、1.5、1.6、1.8、2.0、2.5、3.0、4.0、6、8、15、30。必須要手疾眼快，而我發現要拍攝的目標時，經常用時過長。為了能合理使用，我用「床」為單位測量短距離，也就是說以二公尺為單位。有多遠？兩個「床」的距離？四個？六個？用這個辦法耗時明顯縮短。它成了我的常態。我至今仍然用「床」測短距離。

Cecilia Lindqvist

初識中國

初識中國

從莫斯科出發，搭乘七天經過西伯利亞大鐵路的火車，總算快要到達目的地，這是我首次來到北京。當天上午，我們穿越內蒙古，經過大同，最終進入中國內地。我緊貼著窗子坐著，急切地想看看這個國家是什麼樣子。

我們穿過一片平坦高原，像在雪地或大海一樣單調乏味，但顏色是灰棕色。一片片低矮的房子，周圍有土坯圍牆，就像散落在海上的土堆，其他的房子縮進山坡裡，前面有院子和門。有時候在田地裡可以看到墓碑和牌樓。乾涸的河床，一群綿羊自在吃草，我卻看不到地上的草。再往南，隱約露出陰鬱的綠色山峰。在一個火車道口附近，停著一個運輸隊，有三、四十輛拉煤的驢車。車頂上蜷縮著穿皮襖的漢子，把手緊緊揣進襖袖裡。火車緩慢而搖搖晃晃地通過一個高低不平的河谷。河

封凍了，冰是棕黑色的。太陽正懸掛在冬季山頂上的薄霧之中。

廣播裡傳出女人單調的聲音。她在唱歌，但是她的聲帶好像是梳頭的篦子在劃著紙。

火車突然停在一個狹窄的山谷。列車廣播員在大喇叭裡說，我們正處在八達嶺長城關內段，車上所有旅客都可以到那個窄小的沙石月台上，看從山頂蜿蜒而過的長城。列車員趁機擦擦車廂外結實的鋼質國徽和裝飾列車的黃色框子。我們下車看長城，不久鈴又響了，我們重新上車。有個人開始在走廊裡吹口琴，隨後在一個包廂內響起了一首歌。後來整個列車都回盪著歌聲。我們搖搖晃晃緩慢朝北京城繼續前進。

我有一個軍綠色背包，是臨行前在斯德哥爾摩美國剩餘軍用物資倉庫便宜買來的。當我來到遙遠的中國時，突然覺得背著一個印有黑色大寫字母 US ARMY（美軍）的背包很不合適。因此我從大衣襯布上剪下一塊布，用裝飾線在上面繡了兩個漂亮的藍色中國字「瑞典」，拿它蓋住中國頭號敵人那可恨的名字。我的入鄉隨俗便是由此開始。

終點站還沒到，火車還要在北京市內各個岔道間轉悠個把小時，直到中午才駛進新建的北京火車站，它緊鄰北京東南的城牆根。我當時就想，一定要儘快再回去仔仔細細地看看那個宏偉的萬里長城。

◆

剛到北京時，我還未完全辦好進入北京大學讀書的各種手續，所以只得在崇文門區的新僑飯店住一個星期。一部分常住北京的外國記者也被安排在那裡。其中有幾位專業能幹的英國人，我曾與他們深入長談，他們對於看到的東西都持批評態度，但喜歡討論中國問題，引導我漸漸過渡到中國的現實。

新僑飯店的底層設有中餐廳，是中國最好的餐廳之一。日後的兩年裡我經常光顧。那裡不單單接待住宿的客人，也有曾經住過的回頭客。廚師是一位粗壯的漢子，我想他是位資深的師傅，他很快的教會我他們的拿手菜是什麼。一九七三年，即十一年後首次重返中國，當我再到那家餐廳吃飯時，那位廚師從廚房跑過來歡迎我，問我是不是還要乾煸牛柳和魚香茄子，令我驚喜萬分，隨後他便為我做了這兩道我愛吃的菜！

我利用正式到北京大學上課前的空閒日子去逛街，把自己融入穿著藍色、臃腫棉褲棉襖的人流中。那幾位英國記者曾抱怨，所有人看起來都一個樣。但我不完全贊成，儘管絕大多數人的衣服樣式都差不多，特別是從後面看，有時很難區分前面的人是男是女。我唯一能做到的是，根據長辮子分辨出已婚和未婚的女青年。不過服裝缺少變化，反而使我以另一種方式作出判斷，根據人體本身，臉、眼和目光。

因為環境裡的一切都與泥土和沙子的顏色一致，所以與千篇一律的藍衣服不同的詞語——新、舊、修——在街上特別耀眼。但不是所有的東西都是藍色的。軍人穿綠軍服，但很多老年人穿黑色衣服、戴淺色的帽子，使人想起歐洲中世紀的角釘鋼盔。那種鋼盔一直扣到脖子上，帽舌蓋著前額。

最闊氣的要數農村來的鄉紳土豪，他們戴著有長毛耳扇的皮帽子，看起來就像頭上長著兩個大翅膀，或像飄散在肩膀上的馬鬃。

常可看到走路蹣跚的老年小腳婦女，膝蓋僵硬，腳上似乎沒有一點力氣，真讓人擔心，不過經常有年輕人扶著。孩子很好玩，特別是穿著花棉開襠褲的小小孩，裡面的風光一目了然。他們像小青蛙一樣，蹦到哪裡、坐到哪裡，在牆角旮旯大小便，沒有穿或脫褲子的麻煩，也不用換尿布。粉紅色的嫩肉開放自在，令人驚奇。他們戴著口罩，細細的眼睛亮亮的。

街道異常寧靜，絕大多數人穿布鞋或氈鞋，走路沒有聲音。很少有小汽車或卡車經過，偶爾能聽到驢和騾子的蹄聲、自行車輪胎與地面的摩擦聲。眼睛也清閒，沒有廣告，只有極不顯眼的櫥窗，可能會有一條過時的政治標語。

我也趁機參觀了故宮，裡面幾乎只有我一個參觀者。有著黃色琉璃瓦的大殿雕樑畫棟，金碧輝煌，並飾有龍和其他神獸，漢白玉台基和橋，一切都是那麼優美壯觀。建築物疏密有致，一個個小花園在我面前展開。建築物嚴格按照南北中軸線兩邊排列，卻不是凡爾賽宮或者瑞典王后島上，那種死板的中央宮殿建築景觀。儘管裝飾繁複，但讓人感到和諧優雅，特別是殿脊、飛簷和大門。那些像楊樹葉顫抖的可愛小風鈴分布在屋頂各處，長一

公尺多、有著遠古音律的大理石鐘莊重地掛在大廳裡。

我對未來的北京生活充滿喜悅和期待。

◆

我來到一個完全陌生的世界。當時不管是我還是其他瑞典人，對於現代中國實際上一無所知。但藉由在中國的瑞典傳教士，我們對於一九四九年以前的中國還是有些了解。這些傳教士定期向自己的教會報告所見所聞和見解，他們每七年返回瑞典一次，到各地巡迴報告，為自己的活動募捐，或發表文章或寫書，介紹自己在中國的各種經歷。我的祖父母和外祖父母都非常積極參與在中國的傳教事業，經常幫助回國述職的傳教士。我的母親魯特，七歲時就從一個傳教士那裡得到一把繪有黃綠兩色蘭花的漂亮蠟紙傘，如今這件禮物已傳到我手裡，這是我第一次接觸中國。

除了傳教士們的資訊，科學考察旅行家斯文．赫定、考古學家約翰．格納爾．安特生、語音學家高本漢，都在自己的著作和巡迴報告中無私地奉獻其知識，增進大家對中國的了解。

一九四九年以前，瑞典可說是西方世界最全面了解中國的國家之一。但一九五〇年代初，傳教士、科學家和絕大多數商人被迫離開中國後，就沒有人能向外界介紹那裡發生什麼事。每年在瑞典發表的少數文章，都是中國宣傳部門指導臨時訪問者所撰寫的，能深刻分析中國的文章很少見。絕大多數瑞典人知道一九四九年的革命，知道這個國家捲入了一九五〇年到一九五三年的韓戰，知道

中國和美國因此陷入激烈衝突，不過也就只有這樣了。

因此當看到「真實」的中國時，我有些驚愕，幾個月後才開始知道這裡發生的事。中國很窮，我已有心理準備，但近年來的嚴重饑荒仍令我極為驚訝，還有無孔不入的政治教條主義，對於我整個歐洲觀念和我認為理所當然事物的懷疑。

多年在大學裡潛心研究歐洲文化和歷史後，我愈來愈想了解歐洲以外的世界，尤其是在特定條件下發展起來的中國文化。詩歌、瓷器和建築學是我最喜歡的領域，我希望能在北大學習所有的文化精髓，那時我僅僅知道斯德哥爾摩東方博物館裡的一點東西，和埃里克·布魯姆貝里〔1〕所翻譯的中國古典詩歌唐詩和宋詞。

但我在北大沒有如願，坦白說，倘若我沒有成為古琴研究會的學生、開始練習演奏這種獨特的古老樂器，在北大待幾個月後，我會離開中國。儘管這個國家狀況不佳，但表面上生活平靜，古老的文化原封不動地保留下來。五十年前，透過那些博學、和藹和富有經驗的專家以及古琴學會的音樂家，我轉而對中國發生的一切都感興趣，不管是文化還是社會生活。這從來不是我的願望，我過去連想都不敢想。

◆

今天中國已經是世界上最強大的國家之一，是聯合國、世界貿易組織、國際貨幣基金組織和很多其他國際組織的成員，政治影響力與日俱增。但這個國家在二十世紀上半葉還處於貧弱狀態。問題始於十九世紀中葉，但與一九一二年帝制的滅亡有很大關係。一九二四年到一九二七年連續內戰，隨後日本在一九三一年到一九四五年侵略占領，緊接著是一九四六年到一九四九年的國共內戰。

但一九四九年建立的人民共和國並沒有迎來人民夢想的幸福前途。中國介入韓戰，導致美國長達三十年的封鎖，阻斷了中國與世界大部分地區的聯繫。

一九五〇年起，中國人民按照新政權的標準大搞除舊運動，經常極為殘酷。一九五八年的人民公社和大煉鋼，企圖使國家迅速工業化和解決民生問題，但反而導致數千萬人餓死。不管在中國還是外國，這場災難的規模至今仍是個謎。

這部作品主要講述的，正是我在中國處於痛苦歲月裡的兩年經歷。

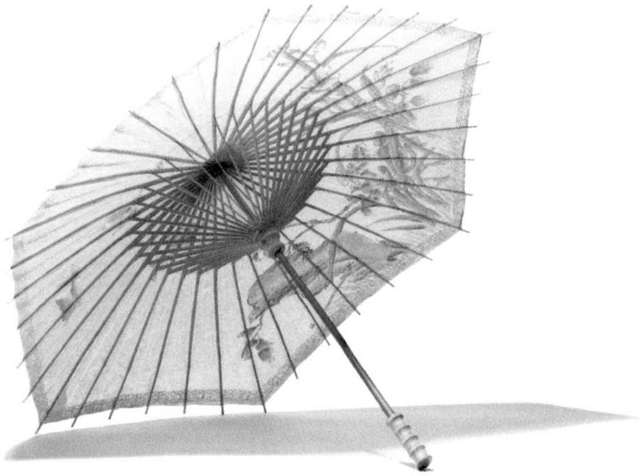

注釋：

1. ── 埃里克．布魯姆貝里（Erik Blomberg，一八九四至一九六五）瑞典作家、藝術與文學評論家、詩人和翻譯家。主要作品有詩集《大地》（一九二〇）、《夜的眼睛》（一九四三），譯著《中國詩歌》（一九五〇）等。

北京大學

燕京大學變成北京大學

抵達北京一周後，我進入北京大學，開始正式接觸中國社會。北大位於北京西北方，離頤和園只有幾千公尺，但要搭乘近兩個小時顛簸的公車才會到市中心。我在那裡遇到很多在自己的研究領域和中國以外的世界很有知識的人，但也有教條主義十足的官僚主義者，和在自己的教學活動中，對時事政治宣傳照本宣科的教員。

我從來沒有在別的地方遇過這樣的人，死板、僵化、盲目和膽小怕事，什麼事都怕因偏離「路線」而招致批評。我首次踏進北大時，給我的印象就是善變、粗魯和虛偽，有時完全不可理解。所有的一切，我相信都應該打上問號，這是一個有益的教訓，儘管過了一段時間我才明白該怎麼做。

北京大學的建築明顯勾勒出它的誕生史。保存完好的、有著美觀典雅建築的北半部曾經是燕京大學，是一九二〇年代由私人捐助者和不同的美國富有教會組織（主要是循道宗）出資建立的。當年這美麗的校園建築群飛簷翹脊、富麗堂皇，有著半古典主義的中國風格。一個藏書豐富的大圖書館、有綠樹圍牆的美麗教授別墅、舒適整潔的學生宿舍，還有一個中國塔式的壯觀水塔。我在那裡時，其中一個建築物上仍還有歌頌一九五八年大躍進的裝飾物。

北大校園的北半部在十七世紀曾是一座王府花園，設計經典，有道家天人合一的理想，是一個有山、有瀑布、有花草樹木的平靜休閒之地，那裡的長生不老者能夠傳遞存在的真正內涵。燕京大學建校初期，年長有經驗的園林大師，參照皇家花園的殘存部分續建，嚴格遵循中國園林藝術風格。廣闊的荷塘上建起拱形石橋，假山和石頭甬道間栽種牡丹和翠竹。國際著名哲學教授馮友蘭就住在其中一個翠竹繞牆的別墅裡。整個校園具有傳統風格，四周高牆環繞，紅漆大門莊重大方。

一九四九年以前，這裡是東西方高等文化、教育和科學研究的交會處，有蓬勃的發展前途。哲學家羅素和杜威等學術精英來到這裡，發表學術報告，幫助中國年輕的同事尋找革新中國的各種途徑。當時使用英語當作教學語言。

北京大學始建於一八九八年，一九五二年陸續從北京市內的故宮東北角搬到這裡。位於沙灘北街與五四大街交會處，是過去北大師生待過的紅樓，如今成為一九一九年「五四運動」紀念建築，

正面牆上：大躍進萬歲！

而五四運動正是標誌著現代中國的開端。學校此時已與燕京大學合併，新校名為北京大學，一般簡稱為北大。

在舊皇家花園的南半部分，建起了一排排極乏味的灰磚兩層樓房，當作教室和教師與學生宿舍，男同學住一樓，女同學住二樓。所有房子都不隔熱防寒，衛生條件極差，令人感到極度壓抑。那裡有一萬多名大學生和五千多教職員工。二百多名外國留學生被安排在兩棟樓裡，我容身的是二十七樓三三二號房，另一棟樓在右邊，緊靠圍牆南大門。

所有經過大門的人都必須出示證件，嚴格控制來訪者，進出都要盤查。會見誰？名字？樓號和房間號碼？來客時間？填好會客單後蓋上戳章。客人離開校園時要標出時間、出示會客條，上面要有會見人簽名。不辦這種手續會有問題。晚上十點，南門和西大門關閉，然後熄燈，一切都靜下來。這時候學生宿舍也會上鎖。回來晚了，只得叫醒睡在旁邊小屋子裡的

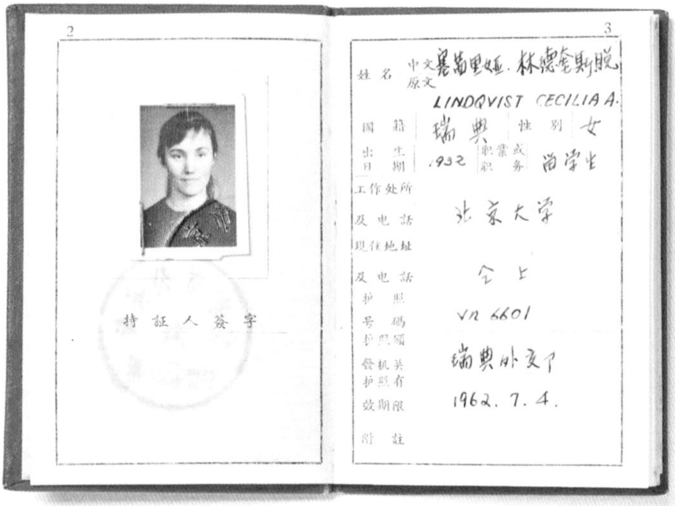

門房來開門。

我當時已經二十八歲，在斯德哥爾摩大學、德國和義大利念過十幾年的書，也在希臘住過一年多，習慣獨來獨往。從沒像在北大二十七號樓那樣沒有行動自由，事事有人管。我覺得我愈活愈回去。

從我的學生宿舍能看到的風景

北京大學的日常生活

北京大學每間學生宿舍的面積為三點五乘以四平方公尺，沒有油漆，水泥地面高低不平，牆壁曾經用白灰刷過，簡陋的窗子鏽跡斑斑，蚊帳大窟窿小眼睛的，一公尺高的暖氣片，不足二十公分寬，我沒見過那樣窄的。冬天早晚各放一小時暖氣，晝夜室內冰涼，而這個城市的冬季常在零度以下。灰色的鐵床很窄，上面鋪一塊草墊子，一動就咿吱咿吱響，還散發著乾草味。

兩張桌子、兩把椅子、兩個微型衣櫃。屋頂上有一個灰暗的白熾燈泡，沒有燈罩。牆上有兩個鑲嵌在牆裡的小書架，下面這個正對著我和丈夫的房間，上面那個對著隔壁房間，用一層薄薄的膠合板隔開。可能為了節省空間，結果書架變成擴音器，喘一口氣鄰居都能聽到。薄薄的門上方有個玻璃窗，對著長而空曠的走廊，走廊裡的每個聲音、每個腳步聲都會被放大，對於那些想讀書學習

學生宿舍樓外邊的大操場、禮堂和壁報欄

和休息的人來說是個折磨。

當走廊盡頭房間裡的俄國留學生舉行伏特加宴會時，情況變得更加糟糕。我那位蒙古鄰居燙衣服時也差不多，她會含一大口水噴到洗過的衣服上，而書架膠合板的擴音效果極佳，聽起來就像牆上潑了一桶水。住在走廊斜對面的匈牙利留學生，一有空就演奏高音激情舞曲；而住在一兩個房間遠的那位羅馬尼亞留學生，招來住在其他地方的外國人時也上演類似的節目。

走廊的盡頭有盥洗室，像我們的房間一樣，每天早晚供一小時熱水。可以淋浴，用暖水瓶燒開水，在靠牆的長長的水泥池子裡洗衣服，洗完的衣服就晾在自己房間裡。大家都有自己的搪瓷盆，上面繪有大朵的紅玫瑰或牡丹。半數水龍頭都在漏水，剩下的則關閉不用。

另一面牆下是一長排蹲坑廁所，有五個尿味沖天的便池。它由一個瓷坑和兩邊各有一個腳踏的檯子組成，中間有一個洞。便池沒有門，只用半公尺高的木板隔開。每個便池旁邊有一個小紙簍，扔用過的廁紙。「金魚」牌玫瑰色廁紙，金魚雙鰭，有薄紗似的尾巴，這種廁紙在大沙地廣場那邊的商店裡可以買到。便池的下水管尺寸不匹配，要千方百計避免堵塞。但堵塞現象仍經常發生！

與我在瑞典或歐洲其他國家的生活相比，北大的生活既原始又簡陋，但是想想一萬多名中國學生，他們是六個人，經常八個人，擠在和我們面積同樣大小的房間裡，有的還沒有桌子，而我們外國留學生的房間只住兩個人，對我們夠照顧的了。中國學生沒有怨言。一位中國學生樂觀的評論：「我可以接受免費教育，知足了。我們可以關上門，安安靜靜的，我在家裡無法做到這一點。」後來我們更認識彼此，她說：「我可以把我所有的東西都只放在床下的一個旅行包裡！」

北大學生中工農子弟占四成，他們習慣艱苦的生活環境，她是其中之一。後來我才明白，有自己的房間或是與人合住，並不是中國學生追求的最終目標。他們絕大多數人害怕孤單，很多人從沒在別人視線以外獨立生活過。對他們來說，集體構成生活本身的基礎，群體帶給他們安全感。

我的房間朝東，對著一個雜亂的沙地廣場，堆放各種廢棄物，一堆堆爐灰、報廢的機器零件。東北風吹來時，捲起陣陣爐灰，通過不密封的簡單窗子，落在房間內所有東西上，要保持室內潔淨實在是不

煤堆後面的矮房子裡有一個郵局、一個理髮店和一個小文具店

可能。我記得，有一次我氣得坐在床上大哭。要是室內能乾乾淨淨該有多好啊！要是能安安靜靜該有多好啊！

我想方設法抵禦冬天的寒風和爐灰的侵入，我在床上蓋上一大張中國地圖和幾張印有花的海報，把窗子上的大縫用紙糊住，用從學校管理處領來的紡織品票買來一塊紫丁香色大床單，將它掛在窗子上，不大不小正正合適。我在房門的窗子上貼了厚厚的報紙，降低走廊的雜訊，也免得那裡的白熾燈光照進來。後來才知道，這些的舉動明顯受到學校當局的懷疑，因為我發現房間不時有人進來仔細搜查，他們大概懷疑我要在上頭放些什麼重要東西吧？

對只想安靜學習的我而言，學生宿舍隔音太差是個問題，而且我每天都要練琴。我很掙扎，因為練琴時，走廊裡其他所有的人肯定都會聽到。但我發現，走廊對著的那個沙地廣場附近有幾間空教室，一兩個月後我向校方提出申請，允許我利用其中一間教室練琴。留學生辦公室的周先生，是一位很瘦的男人，臉型和目光像一隻猛禽，他嚴詞拒絕了我的要求，因為沒人能有額外的特權。直到我讓他明白，我的練習會干擾其他學生學習以後，我才得到一間空教室的鑰匙。這是一種解脫。教室很大，回聲也很大，只有一個講台和一把椅子，但是我可以整日安靜地坐在那裡，想練多久就練多久。

◆

我住的樓對面是一塊長著矮樹的開闊地，中國學生每天上午上過兩節課以後必會在那裡練習太極拳，為了增強全民體質，服務社會，健康的體魄要有健康的靈魂。他們穿著厚厚的衣服，整齊畫一的動作，看起來就像在做夢，深陷黑暗而不能自拔。他們雙手在空中滑動著，好像要搆著眼前的什麼東西。不管是學生們都很喜歡的籃球，還是其他運動量大的項目，由於營養狀況而被禁止。

新生們也在這裡邊走邊吃。在大食堂或空禮堂每天開三次飯，每個學生自己帶一個裝著搪瓷碗的小布袋，炊事員按量用大勺子把飯菜直接放進碗裡。主要是米粥或者麵條，上面漂著幾根白菜葉，是去年秋收剩下來的。

那些沒拿板凳的學生就坐在周圍的空地上吃自己的一份餐食，或站在壁報前看壁報，有人去郵局、理髮店，到稍遠幾條小街上的小商店買筆記本或者一些簡單的消費品，如肥皂、鉛筆。他們吃完飯以後，就到禮堂外面的水龍頭前，接一大碗白開水，一口氣喝完，用這樣的辦法完成最後的營養補充。

每天早晨六點和晚上九點四十五分，電線杆

上的大喇叭定時播出各種資訊，如報時、起床或者熄燈睡覺，變換播送戰鬥歌曲和當天重要的政治事件評論。六點起床，六點二十分督促一次，六點三十分號召大家去打早飯，七點是每天第一次新聞和報紙摘要，七點四十五分趕快去教室上課，九點四十五分去練習必不可少的太極拳，就這樣一直到二十一點，號召大家上床睡覺，二十一點四十五分發出當天最後一次通知：現在關閉校園圍牆大門，學生宿舍樓門上鎖。

中國大學生很少有人戴手錶，這是地位的象徵。不僅因為很貴，而是買一只錶需要很多購物券和高層關係。廣播當然可以提供很多資訊，如幾點鐘，叫大家起床，幾時到教室上課，晚上該上床睡覺。不過最讓我反感的是冗長、枯燥的各種報告，特別是關於右傾、修正主義和猛烈攻擊美蘇的報告。

校園北面的禮堂大而空，像一個騎馬練習場。有時候在那裡開會，有時候放電影，但沒有桌椅，要自帶凳子。炎熱的夏夜會在操場上放電影，掛上一塊小銀幕，學生坐在自己的凳子上看，觀眾可達數千。為了占一個好位置，很多人提前一個小時就去了，一旦離得太遠銀幕就像一張郵票大小，難以看清楚。

當時很少有外國電影，一般播放的電影節奏慢、宣傳性極強。有一部電影講一位貧苦農民被迫把自己的漂亮女兒賣給一個地主。另一部電影講一九四〇年代內戰，在一個貧窮村子裡發生了戰鬥，共產黨被描寫成充滿人道主義和赤膽忠心，而國民黨則殘酷無情又黑心狠毒。正面的藝術形象都是滿臉的嚴肅，哀嚎女人的臉有著痛苦的皺紋，但是絲毫看不到真正的傷心。但結尾都是美好的大團圓。當國民黨最終被趕出村子時，代表國家未來的青年們都被打扮得像朵花，紅撲撲的臉蛋，熨燙得平整的白襯衫，少年先鋒隊員帶著紅領巾，載歌載舞。

◆

與中國學生相比，我們外國留學生享受很多特權。我們有自己的食堂，有餐桌、椅子，儘管回聲很大很寒酸，但有兩個餐櫃：一個賣西餐，有肉丸子和類似燉牛肉的菜，有煮或炒的各種青菜，米飯或麵條；另一個中餐櫃的菜比較多，主要是賣各種蔬菜。飯菜沒有什麼可挑剔的。但我來自一個高蛋白質飲食的國家，從前餐餐牛、豬、魚、牛奶、奶油和乳酪，現在到了一個以蔬菜為主的地方，不管我吃多少，還是整天覺得餓。有時候我需要把一些吃的東西帶回宿舍，像是椰蓉餡的四方塊小甜餅。不過，甜食對我多半沒有什麼吸引力。

我們外國留學生全加起來只有二百多人，但儘管我們住同棟樓、在同一個食堂吃飯，彼此卻很少來往。很少有人知道其他人叫什麼名字，談到他們時都使用他們的國名，那個尼泊爾人、那個阿拉伯人、那個希臘人、那個阿爾巴尼亞人。越南和朝鮮留學生幾乎占所有外國留學生的一半，他們自成一體，聚在食堂的一頭吃飯，俄國人和蒙古人與二十幾個東歐國家的學生在食堂的另一頭，為數不多的南美學生在中間，與東歐、埃及的和非洲的學生分得很清楚。即使在這些小團體內部也按民族和政治關係再分成各個派別。

與我來往比較多的幾個人中有一個印度女學生蓮娜，兩個極為年輕的挪威小夥子斯坦和哈拉爾德，兩個高高的、充滿活力的烏干達人烏蓬古和烏吉迪，一個年輕的瑞典人佩爾—奧洛夫，三個蒙古學生，其中一位叫瑪格達，後來我有兩次到烏蘭巴托拜訪她。還有莫里斯·威爾斯，他是韓戰中二十一名美國戰俘之一，在中國坐過三年監獄，後來叛逃留在中國。他們都很友善，都是好人。除了莫里斯之外，他們和很多其他人在夏天都要離開北大。因此，除了一個學生宿舍樓不能關，其他的都得關了。

有幾個外籍教師也在我們食堂吃飯，其中有一位教德語的女教師，她嫁給一位中國人。她當然有權在外國人食堂用餐，但她的丈夫不能。因此每一頓飯她買的量都比較大，坐在遠離賣飯的窗口，趁別人不注意時，偷偷地往飯盒裡裝一些飯菜。她戴著一副薄薄的傳教士眼鏡，臉上有疤痕，頭頂有個發白的刀傷。聽說這一年她千方百計要使某個外國留學生與她的女兒結婚，以便能把女兒帶出中國，但是直到此時仍沒人上鈎。

當年我寫了很多家書，常得去禮堂附近廣場旁的小郵局寄信。中國郵票沒有背膠，要到窗邊櫃檯上的搪瓷碗裡，用手指沾漿糊抹在郵票背面。有一次我發現一位年輕大學生在旁邊直愣愣地看著我。儘管我已經習慣大家這樣看我，因為很多中國人從沒看過外國人，但他的目光格外異樣。我還是照樣一次又一次用手指沾漿糊，繼續黏我的信封，效果不錯。但最後突然發現，我沾的不是漿糊碗，而是在那位大學生放在櫃檯上的粥碗。我真是羞愧難當，這件事明顯暴露出，我對於他和其他大學生的生活狀況缺乏了解。

為了能在中國過正常生活，我必須適應各種不同的新情況。我剛到中國時，當局根據瑞典文名字的發音，草率地譯了個中文名字。但不能就這樣下去，得要有個適應日常生活的中文名字。幾個中國朋友都來幫忙。「姓」在瑞典文裡放在後面，中文則在前，一般是一個字的單姓，比如毛、周、朱。很明顯，家比個體成員重要得多。名字一般由一個字或兩個字組成，澤東、恩來、德。這裡舉例說明的三個男人，是參與和領導中國革命的人，當時仍然領導著這個國家。

按瑞典文的發音，我姓林德奎斯特，讀起來太長，但是頭一個「林」字，正符合中文的姓氏習慣，而且這個姓很普遍，意為「森林」，並且與瑞典文原意近似。但我的名字塞西莉亞有些麻煩，一定要縮減成一個或兩個漢字。家裡人平時叫我「西拉」，但還是有問題。中文的拼音與瑞典文的發音不一樣，但是「西」字不錯，我的朋友們找不到更好的同音字，所以選了「西」，意即「西邊」、「西方」。他們認為很合適，這就是我名字的由來。但若名字用雙字，還要找另一個合適的字，是「利」還是「拉」？這時候展開一場熱烈討論。

「Li」和「La」在漢語裡有很多同音字，深入討論後大家一致同意用「利」，意即「收穫」、「利益」，這個字很正面。但這個漢字不適合作人名，要找個同音字比較好。

其中一位朋友建議，給這個「利」字加一個立人，即「俐」。大家都說這個字好，聽起來好聽，顯得有文化。但他說，這個字不適合用作女人的名字，只能用作男人的名字。

新的討論又開始了，最後把人字邊改成草字頭才算大功告成，「莉」就是茉莉花的意思。這樣大家都會明白，我的名字帶有女性特徵。結果就是「林西莉」，也就是森林，西方或西邊的茉莉花。

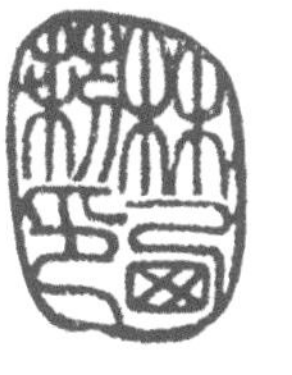

林西莉

授課

上課的地方就在我住的二十七號樓南邊。房子很大，儘管是寒冷的冬天，還是沒有任何暖氣。我們哈的氣立即變成白煙。我們白天上課要穿兩層厚的褲子、大衣，戴上帽子、手套和圍巾，雙腳儘量離地。手常被凍僵，拿不住筆，無法記下女教師在黑板上寫的字。溫暖的春天到來時，是一次解放，但只限於酷暑來臨之前。問題是，寒冬與酷暑哪一個更難熬。

老師講課完全用中文，難懂、古舊，類似歐洲八世紀到十九世紀末修道院裡的講經。授課的目的是教我們記住漢字和語言結構，沒有過多解釋，提問會被視為擾亂課堂秩序。

一九五八年出版過為英語人士編寫的漢語教科書《現代漢語課本》（*Modern Chinese Reader*），但是賣完了，只得等待新的教材。不過大家不知道一九六一年十月蘇共二十二大會有什麼結果。一年前兩國關係全面惡化，部分內容可能要刪掉，還會有一部分要修改，由此可以看出教育政治化有多麼嚴重。

隨後女教師改發當天或本周手抄的活頁教材，複印的紙張品質極差，棕色、易碎、粗糙不平，上面印的字經常看不清。通常每天要學十五到二十個字，卻完全不解釋它們為什麼要這樣寫。幸運的是我帶了高本漢著的《漢字形聲論》，這是介紹漢字結構與讀音的權威性著作，我隨時可以查找新字和解釋，以及它們為什麼要這樣寫。我的北大老師對這些漢字知識一無所知。

絕大多數課文有明顯的政治性內容，但是有一部分特別突出。有一篇我們自始至終堅決反對：

> 美帝國主義是全世界人民共同的敵人。我們需要互相團結互相支持，共同鬥爭。我們知道，沒有全世界人民的團結和鬥爭就不能戰勝帝國主義，保衛世界和平。

課文中沒多少日常用語。在留學生當中流傳這樣一個笑話：「我現在可以指揮一個軍團，但我卻不會在食堂訂一個白煮蛋。」

每個週末要考本週學過的漢字，從開班以來，每月考一次試。詞彙量多了以後，要根據當週學過的課文寫一篇作文，實際上都是帶有政治框架的內容。

有一篇課文要我們用自己已經掌握的中文複述，講一位鋼鐵工人在一次生產事故中被嚴重燒傷的故事：

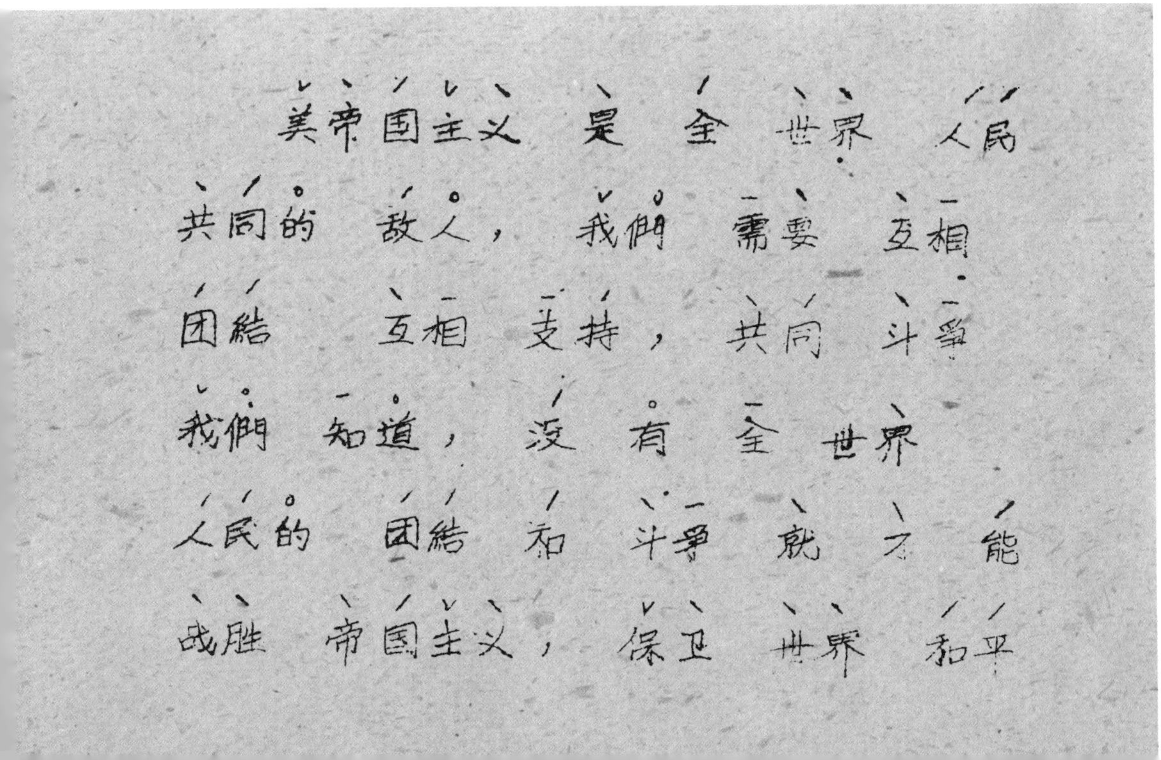

他被同志們送到醫院，就在他昏迷之前高喊：「我不想死，我想活！鋼鐵事業需要我！」

但是按照醫生的觀點，已經無法挽回他的生命，實際上這些醫生都是在資本主義國家接受的教育。醫院的「領導同志」（黨的書記）召開會議說：「在資本主義國家誰會被燒傷呢？當然是勞動人民。那裡的醫生怎麼會救一個工人的命？但是我們可以！我們正在建設社會主義，我們必須無條件地挽回他的生命！」

他的講話解放了醫生們的思想，一位是共產黨員的年輕醫生堅定地說：「我們當然要救活他！他要建設社會主義！」

從其他醫院調來有經驗的醫生幫忙，一個月以後這個工人不僅得救了，而且傷口也開始癒合。就這樣，在黨的領導下，醫生們挽救了這位傷者的生命。

在我們讀完這篇課文以後，隨後在教室裡有了一次談話，女教師斬釘截鐵地說，這是一個真實的故事，某年前發生在上海，曾引起廣泛關注。〔1〕

「當然，」我說，「但是說在資本主義國家，醫生會以這樣的方式對待病人是絕對不真實的，在任何情況下都不會在我的國家發生。」

「你只是個讀書人，對於一家醫院的情況你可能一無所知！」

我的憤怒逐漸升高。我當下指出，我的兩個姊妹還有好幾個家庭成員都是醫生，他們在醫院裡盡心盡力救死扶傷。女教師的回答讓我大吃一驚，她說：「啊，解放前美國醫生在城市裡拿工人做試驗！」

這時候我吼叫起來（這確實不合適，特別在中國，尤其是對自己的老師），她本來不應該講她不懂的事情。後來她不再堅持。

「好，好，不過這課文不是我寫的，也不是北大我們這個部門寫的，**這是那些人……**」她不再吭聲，好像挨了一悶棍。

如我們懷疑的那樣，她的話表明了有個特別部門，專門負責編寫這類極富政治色彩的課文。這類課文一般都很長，使用一些另外的詞語，與前後的課文間沒有任何連貫性，充斥政治口號和用語。我當場憤怒不已，站起來走回房間。直到我打掃完整個房間才慢慢平靜下來。

我在當天的日記中寫道：

在這樣的時刻，我感到我與這個國家的距離在令人不安地增加。有很多課都讓我想立即走出教室。生活過得如此沉重。就像穿著膠靴跋涉在泥濘的田地裡，啊，全國就像一塊田地，人民在裡面掙扎著，泥水沒到膝蓋。膠靴愈來愈沉重。

授課不是要造就具有獨立思考能力的人，而是要使人無條件地服從新的社會制度。世界有很多大學，那裡有很多聰明能幹的人從事教學工作，可以做真正的研究，大學有圖書館，學生有權利討論問題和各抒己見。我為什麼待在這裡？像一所填鴨式的小學，充滿虛偽、謊言和沉重的宣傳氣氛。一個國家把真理改成謊言，把謊言用大寫字母突出變成真理。我感到我在變小、不過我也開始考慮，這位漂亮小巧、出身富裕中產階級，有著白嫩纖細手指的女教師也有難處，她不得不維護這種政治指示，她剛才的舉動是必須的，她可能是不得不接受吧？有一次我問她，她本人是否真的相信社會主義的優越性，我得到這樣的回答：「這跟一九四九年的革命有關。」對，就是從那個時候開始的。此後已經沒有任何其他選擇。

幾個月後，這種政治性內容的課文愈來愈令人反感，我們請求也要有與中國日常生活相關的詞語。但女教師聽了很害怕。所有課文都是當局指定的，修改是不可想像的。這時候我們幾個人找到留學生辦公室，向那位死硬的周先生解釋，若不增加其他內容的課文，我們就回國了。

過了一段時間，終於讓我們鬆了一口氣，女教師得到上司允許，有時可以增加幾篇日常生活相關的課文，例如飯菜、服裝、怎麼坐公車、家庭成員的名稱，如父親、母親、姊妹和兄弟等。我們還讀了作家魯迅寫的批評舊社會的課文、一九五八年周恩來總理關於必須進行簡化漢字改革講話節選，還有幾篇短小的經典故事，如白話文的《量足》，這是一個千百年來讓中國人捧腹大笑的故事。

故事發生在公元前的鄭國，有一個人需要一雙新鞋。他按照自己的腳大小在紙上畫了樣，然後到市場去買。但到了那裡以後發現忘了帶紙樣，他趕緊回家去取。等他拿好紙樣回頭，市場已經關門了，所以那天他沒買到新鞋。[2]

過了一段時間我才真正明白故事的趣味，但是對中國人來說，理解起來要多簡單有多簡單。有一次我坐長途火車旅行，與幾位快樂的中國人同坐一個車廂，大家一個小時接一個小時講有趣的故事，《量足》的故事是其中之一，大家聽了笑得前仰後合，儘管他們已經聽了千百次。

我們不可能完全避免有政治內容的課文，但某些這類課文有意無意具有一定程度的喜劇色彩，因此比較能輕鬆接受。有一篇課文講一個美國人的故事，他來到一個國家，他們告訴他那裡有民主。

「怎麼實行民主？」

「我們有金喇叭。」

國王站在眾人面前問：

「你們想要民主嗎？想要的話就請你們吹喇叭吧。」

四個富人吹起來。

國王舉起手說：

「希望得到其他東西的人：請吹吧！」

大家站在那裡，聽不到任何喇叭聲，原因很簡單，只有富人有金喇叭，眾人沒有。

「我們有更好的條件，」那位美國人說，「我們有報紙、雜誌、電視和電台。通過那些傳媒我們可以自由發表言論。」

「但是誰擁有這些報紙和雜誌呢？」

「富人。」

儘管不盡人意，但是新教材還是一種解脫，我們的女教師也明顯輕鬆了很多。她一天比一天高興，還邀請我和其他同學到位於籃球場附近的家裡做客，用茶和甜點招待我們。我們坐在綠色燈芯絨沙發上，靠背和扶手上鋪著手工繡的花邊墊子。他先生為我們吹笛子，然後她唱了一齣著名京劇選段，先生為她伴奏。屋裡有一兩盆花，屋頂上懸掛一個白熾燈泡，小書架上擺放著語音學書籍。沒有外國書籍，但是有毛澤東、史達林和魯迅全集。

◆

三月末，清明節前個把星期，照傳統要給先人上墳掃墓，按照農曆春耕也開始了，校園內景象也大變。灰色的樓群之間鐵鍬聲、鎬聲不絕於耳，幹勁十足。到處是翻地鬆土的大學生，他們在播蔬菜種子，主要是各種豆類。一派歡騰景象！

據說國家糧食匱乏，因此中央指示，要發動群眾，自己動手，豐衣足食。校園內的這些小塊菜園無法改變根本狀況，但是振作了公眾的情緒。學生為有一段時間不用去上課感到高興，他們興高采烈地走進春天的陽光裡活動身體。不過海市蜃樓般的美味佳餚，讓他們感到更加飢腸轆轆。

我到外國留學生辦公室申請一小塊地種菜，但遭到拒絕，於是我強調，想「向勞動人民學習」，這在當時是一句最富有政治色彩的正確用語。經過一番周折，我得到一小塊地，有一平方公尺，就在我們宿舍樓門外面，我在那裡種了香菜、蒔蘿和荷蘭芹，多少調劑一下食堂裡單調的蔬菜品種。我每次出遠門，都會帶一些瑞典的種子。

我把種子一行一行播下去，再把裝過菜籽的口袋用小木棍支起罩住，周圍再插上木棍、拉上繩子圍起來。一開始很不錯，有幾個月我每天都收割一點美味調味菜送到食堂去，但是六月中旬，天氣酷熱，小菜園開始凋零，菜苗都被螞蟻啃光，連根都吃了！若牠們只吃葉子我還能容忍，但牠們斬草除根，太過分了！

我的舉動在中國學生中引起很大轟動。一個來自資本主義國家的學生，又沒有人要求我這樣做，為什麼要弄得滿身泥水、不顧身分去挖土種菜呢？在他們的想像裡，一個受過教育的人不會自覺自願做這種事情。這是農民應該做的事情。

務農對我來說絲毫不陌生。我們家住在一個叫小美麗谷的地方，我記得母親有一塊很大的菜園，我每天都能為晚飯採摘各種新鮮、漂亮的蔬菜。我至今仍然記得，我和高中同學秋天採馬鈴薯時有多麼快樂，我們到格內斯塔南邊的一個莊園幫忙採收一個星期的馬鈴薯。我們白天幹活，晚上睡在草棚裡的簡易行軍床上說笑個沒完。每一筐馬鈴薯都要過秤，我們按重計酬。

但對中國學生來說，這不是在校園裡簡單的種菜問題。一個星期以後他們全部被送到農村參加十四天的植樹造林，音樂學院的學生要去整整一個月。從五〇年代起，人民要建設有億萬棵樹的新的綠色萬里長城，它會減少沙塵暴對於中國北方的侵擾。秋天他們還要到工廠參加兩星期的勞動。

六〇年代初，八成的中國人生活在農村，他們絕大多數目不識丁。對這些將來要成為幹部或管理人員的人而言，了解「人民」當中的大多數人的實際生活狀況是很重要的，聽說，他們必須走出去，看看「實際」，他們要「向工農學習」。

北大學生在校學習期間，要有一年的時間從事這類活動。此外每週還有五節馬列主義必修課，參加各種臨時會議，聽取新的指示、某個部委領導成員的指示或講話，了解國內外大事，如盧蒙巴之死和古巴導彈危機。

◆

五月中旬，我們宿舍樓裡大家鬧肚子拉稀，看樣子是得了痢疾。我們只好停課，大家無力地躺在自己房間裡，或絕望地蹲在廁所裡。我們的排泄物呈黃色，就像黃河的水，整座樓嘔吐聲不絕於耳。廁所的下水道堵塞了，汙水橫流，地上濕滑。我們膽戰心驚地走，生怕一下子跌倒。

一位憂心忡忡的醫生在宿舍樓裡轉了一下，他僅僅宣布我們都病了，並且只提供裝在棕色小紙包裡散發著樟腦味的幾粒小藥片，不過很遺憾，似乎沒有任何療效。

正當大家開始恢復健康，我看見我們宿舍樓門衛室大門旁的牆上貼了一張手寫的海報。上面有一個很大的死人頭骨和兩塊交叉的大腿骨。文字是：**外國留學生的飯菜！**

這張海報引起不同的反響。少數幾個西方留學生幸災樂禍，覺得在控制如此嚴格的環境裡，竟有人敢開如此玩笑。還留在北大的幾個俄國人持觀望態度，他們經過幾年在北大的學習，僅剩幾周即將回國，不想介入。但其他國家的留學生很氣憤，尤其是越南人、朝鮮人、東德人和阿爾巴尼亞人。在搞不清楚到底是怎麼一回事之前，問題就已經政治化，整個留學生群體分裂成不同的派別，東西方對立，完全按照冷戰模式劃分，然後戰火熊熊燃燒起來。

宿舍樓裡亂成一鍋粥。大家進進出出，謠傳不斷，誰說誰貼了那張海報，某人打了某人。大家一致認為是食堂衛生不好，但是一部分人對於批評完全不接受。南美洲的學生寫道：「我們拉丁美洲學生享受很多中國的優待和禮遇，中國共產黨邀請我們來這裡免費接受教育，我們譴責這種抹黑行動。」而東南亞、北朝鮮、希臘和阿爾巴尼亞的學生贊同。這張可恨的海報很快就被一條標語蓋上：「**中國與拉丁美洲人民的友誼萬歲！**」

在我們歐洲出現這樣的海報處理起來可能很簡單，拿掉就是了。校長會把學生召集到一起，講幾句話，對有這麼多人生病表示遺憾。城裡發生了傳染病，廚師很難過，但他們是無辜的。但在中國，事情可沒這麼簡單，這肯定是來自資本主義吸血鬼國家的反革命集團製造的暴行，這是普遍觀點。立即按照政治觀點分類，隨後是激烈的鬥爭和要求嚴懲。

第二天出現了一張反對的大字報，看來是一個膽小的人針對前面那張標語口號的內容偷偷貼上的。上面用歪歪斜斜的大字寫著：「**可憐東西！他是誰？請你們猜一猜。**」下午我出去用相機拍攝這張大字報時，引來憤怒。那位身體魁梧的阿爾巴尼亞人向我衝過來。

「你拍攝那張討厭的大字報是什麼意思？你拿它幹什麼用？」

我很害怕，踏著大大的步伐離開那裡，裝作若無其事，免得有挑釁之嫌。我算運氣好，因為他

可怜东西!
吃飯
他是誰?
請你們猜一猜

已經舉起拳頭。晚上食堂外有人動手打起來，那位阿爾巴尼亞人和希臘留學生邁克爾斯撲向一位身材矮小、柔弱的智利小夥子曼努艾爾，他因被指認為肇事者而遭到虐待。「狗才做出這種事！人不會做出這種事！」他們這樣喊叫著。

這張大字報旁邊多了一張名單，簽名的人抗議這種「反革命行為」。使用強大的壓力發動大家都簽名，但是我拒絕了。氣氛變得愈來愈緊張。有一天早晨，這張大字報又添加了火藥味十足的口號：**這是一種帝國主義哈巴狗的暴行！**在那位可恥人的頭上畫了一個表示美元的符號。

曼努艾爾被叫到外國留學生辦公室，主任和他單獨在一起長達三個半小時，讓他解釋到底發生什麼事，他到底是不是肇事者。曼努艾爾後來仔細描述了他怎麼樣向他們講述在北大當一個學生有多麼難，他意識到自己退無可退。

第一個貼大字報的人到底是誰一直搞不清楚，不過很有可能是曼努艾爾。當我聽說他與外國留學生辦公室主任不愉快的會面時，我去拜訪了他。曼努艾爾說，他是學表演的。他偶然在智利參加過一場京劇演出，對這種藝術形式非常感興趣，就申請一筆中國獎學金，來華學習各種不同的劇種。他來北大快一年，但校方還沒有幫助他看過一場演出。他很失望想回智利，但是做不到，因為他的旅費都是中國政府出的，也簽了五年合約。而智利和中國沒有外交關係，自行回國無法得到協助。

他曾兩次申請回國，但是校方不同意。因為在智利有三名中國留學生，若曼努艾爾回國會很尷尬。他唯一的機會是被驅逐出境。據說一位非洲青年曾藉此成功回國，起因是他把一位中國員警打翻在地。為了使曼努艾爾繼續留下來，校方千方百計討好他，給他補了很多的課，這是我們其他人可望而不可即的，但一年後他的中文仍然很糟。因為他只想回國。

夏天的酷熱來了。白天氣溫高達四十度，晚上也不低於三十度。鬥士們疲倦地躺在自己潮濕的被褥和扎肉的草墊子上，他們想在平靜的氣氛中睡個小覺。各種衝突平靜下來，雙方都感到有些疲倦，幾天後一切恢復正常。幾星期後，東德和阿爾巴尼亞人與我在走廊相遇時，又重新禮貌性地點一點頭。

我似乎可以斷言，這類衝突在中國各地都很普遍，幾十年都是這樣，甚至幾百年來都如此，鮮有不用暴力解決這類矛盾的辦法。各個派別和群體由於仇恨和政治觀點不同而互相爭鬥。階級對階級。結果造成一種建立在懼怕和藐視基礎上的社會氛圍。幾百萬人深受其害，沒有任何政黨、任何獨立工會，能掌握和解決這個問題。我一直堅信我們的政治制度，有著聰明又勇敢的優越性。

◆

痢疾是過去了，但我的身體過了一段時間才恢復正常。那段時間心跳過速，呼吸困難，多次幾乎暈倒。有一次，大約是五月最後一個星期，我應邀到麥若彬[3]家吃午飯，他是我在北京的一位英國朋友，當時我連走上台階的力氣都沒有，只得在半路上坐下來，渾身無力顫抖。突然我什麼也看不見了，黑的變成白的，心臟突突地跳。英國代辦處的護士桃樂西小姐被請來，她是一位亮麗時髦的女士。她為我準備了一大杯濃咖啡加食鹽。當時我覺得自己病得很厲害，但她沒有把我當作病人，讓我相當憤怒。但這種做法很正確，不到一個小時我完全恢復健康，難受變成了飢餓。

「這樣做也有助於防止日曬症。」桃樂西小姐說。

事後我每天喝早茶時都加一小勺鹽，效果不錯。

後來我問過北大一位醫生關於這件事，他贊成這種方法。他說，很多中國學生出現這類問題，不僅是因為食物裡缺乏蛋白質，缺少鹽分也是原因之一。但也不能吃過多的鹽，否則會造成浮腫，特別是手腳關節。

有好幾個月滴雨未下，天氣非常乾燥，就連人自身產生的一點水氣也會立即消失在空氣中，不知道自己到底出了多少汗。據說在這個季節濕度通常是百分之五十，這才是我彈琴所需要的，但此時的空氣濕度下降到百分之十到十五。所以我每天在地板上潑好幾次水，彷彿是在求雨，渴望幾星期後就會下雨。

◆

不僅留學生之間有矛盾，龐大的中國學生內部、學生與學校領導之間也有矛盾。此類事情時有耳聞。三月初圖書館領導決定請文學系的中國學生幫忙搬遷一部分圖書。

但是書在新地點擺好後，大家發現有二百四十卷經常借閱的專業書籍都丟失了。夏季來臨，在清理幾百公尺外的圓形未名湖裡的垃圾時，大家驚愕地在漂浮的荷葉之中發現大部分丟失的書，裡面還有一尊毛澤東半身塑像。這些書怎麼會到那裡，一直沒有搞清楚。不過我們要問，是誰或者是哪些人敢拿自己的前途來冒險而為之？出於仇恨？出於絕望？

北大圖書館定期購進大量各類外國珍貴、精美的書籍。這些書籍像祭品般擺放一段時間後就被鎖起來。儘管有被編入圖書目錄，但開放的圖書目錄裡沒有。樓上一層是圖書館高級職員辦公的地方，這些書被保存在一間上鎖的房子裡，只有部分級別高的人物和權貴才可以進入。

那裡不僅有外國書籍，還有美國、英國的報紙、雜誌和其他帶有危險性的西方資料。一位嚴厲的職員監管一切，閱覽者要仔細填寫登記表。但為什麼要買這些書籍呢？但願這些嚴格規定有朝一日會放鬆，被信任的人還是可以去了解外部世界發生的事情吧？

北大圖書館是老燕京大學的一部分，有個非常講究的閱覽大廳，但是只供被挑選出來的教員和管理人員使用，沒有學生的份。在一般情況下，每個宿舍要住六至八人，根本無法想像他們會坐在宿舍裡讀書。他們在宿舍樓外面走來走去，或靠在一棵樹上高聲朗讀。這是幾千年來一直沿用的最主要的學習方法，一次次地高聲朗讀同一篇文章，直到倒背如流。課堂上老師提問時，學生直接引用課文原文回答。按照自己的想法回答問題是不可想像的。

◆

對於很多大學生來說，在北大學習是很大的挑戰，特別是如何適應官方宣傳的價值觀與農村老家父母的期待。在一般為四十五天的暑假中，絕大多數學生都會回家，但也有幾個人留下。我問其中一個跟我比較熟悉的人說，別人都回家了，你怎麼還不走？他直言不諱地講起，一旦回家，母親會給他施加巨大的壓力。母親說他已經二十歲，而她還沒有當祖母。這種情況無論如何不能再繼續下去！他必須馬上娶媳婦，她要抱孫子！

他提到毛主席號召所有的青年人二十五歲再結婚，以便能學習和發展，他要等到畢業、有了工作再結婚。母親聽了大怒，說這件事跟毛沒有任何關係。家庭和家族需要有下一代！在這種情況下他只好不回家。

注釋：

1. ── 即鋼鐵工人丘蔡康的故事。
2. ── 《韓非子．外儲說左上》：「鄭人有欲買履者，先自度其足，而置之其坐，至之市，而忘操之，已得履，乃曰：『吾忘持度』。反歸取之，及反，市罷，遂不得履。」
3. ── 麥若彬爵士（Sir Robin John Taylor McLaren，一九三四至二〇一〇）英國外交家，曾任英國駐華大使並參與中英香港回歸談判。

官僚主義與監視

我除了在北大學習外，還申請到中央音樂學院聽中國古典音樂的課。為此校方請我填一張表格，作為辦理手續的證明書。除了要填寫我的出生日期和地點以外，他們還想知道我的籍貫在哪個省、哪個市，父母的姓名和出生日期、居住地、職業，還有我祖父母的所有情況。他們也想知道我屬於哪個黨派，最要好的朋友是誰。最後一項就要占大半頁紙。

就此事我問一位中國朋友，她斬釘截鐵地說，填上自己的出生日期和地點就行，別的項目用不著填。她說，把朋友的名字填上是非常不恰當的。我就照她說的辦了，當局什麼話也沒說，後來我被允許到音樂學院聽課。不過這件事讓我了解到當局如何嚴密控制著公民。

北大的很多規定完全不可思議。六月酷熱來臨時，很多留學生開始穿拖鞋，其中有人穿只在大拇趾與二拇趾中間有根帶子的那種人字拖。

這種人字拖被禁穿。女教師命令他們立即回宿舍換上正規的鞋。她說學生守則裡明文規定只能穿正規的鞋。受到責怪的學生爭辯說，為什麼來自越南、尼泊爾和印度的學生大搖大擺地穿著漂亮、涼爽的人字拖卻沒有問題呢？得到的回答是，人字拖鞋屬於他們的「民族服裝」，所以是可以的，但對其他人不適用。為什麼這種拖鞋不能穿呢？是因為裸露腳趾？還是因為那根帶子讓人看了不舒服呢？沒有理由。

有些事情完全無法預測，極簡單的事情拖很久也辦不成，但其他一些看來複雜的事，卻能迎刃而解。我想去參觀新開放的歷史博物館，起初說不行，必須有文化部特批，過了好幾個星期也沒有回音。

但東德留學生金特和他的女朋友想結婚，他們到北大所屬的海淀街道辦事處詢問需要辦什麼手續，得到的回答是不需要特殊批准。金特後來說，工作人員只請他們出示一下隨身攜帶的學生證，在一個本子上作了簡單的紀錄，然後把結婚證遞給他們。

「請收下！這是你們的結婚證。」

「什麼？」

「結婚證書。」

他們愣住了。時值夏天，屋裡很熱，他們尷尬地看著自己髒兮兮的背心和散發著汗味的汗衫。真的就這樣結婚啦！沒有任何審查，沒有任何莊重的儀式！結婚可是人生大事之一。一張紙上兩個名字，萬事大吉！

不過最後辦得很圓滿。他們的同胞和朋友為他們安排了一場喜宴，大家洗了澡穿戴整齊，舉杯祝賀，喜酒飄香。

◆

官方把我們留學生視為「貴賓」，特別是第三世界來的學生。他們將來會在自己的國家成為重要人物，例如醫生、工程師、管理人員、政治家。對於中國與發展中國家間的聯繫，他們在中國的學習經驗將會發揮重要作用。大家對他們寄予厚望，使中國能在世界上更有影響力。

但大家也都明顯感受到某種監視。其中之一是，我們每一個人都被校方安排一名中國學生「幫助我們學習」，每週三次，每次兩個小時。我也得到這樣一位「輔導員」，名叫梅梅的笨拙小個子姑娘。我相信，我們兩個心裡有數，這是受到某種安排的聯繫。她最感興趣的是我請她喝咖啡和吃糖果，但當我試圖聊聊她在農村的生長環境時，她能講的很少，可能我提的問題不對，可能她沒聽懂，也可能她不願意讓我知道太多她的情況。

在外國留學生與中國同學間建立聯繫的意圖是好的，但並沒有建立起親密的友誼，特別是因為我們後來都知道，這些被分配來的「朋友」有向校方彙報我們情況的任務，我們說過什麼，在北大的學習和生活情況，讀了哪些書，在校內和城裡經常跟哪些人接觸，在哪些地方經常做些什麼，計畫做什麼，特別是對於國家和政府的政治動向有何看法。

我們的言行都在留學生辦公室登記在案。一位波蘭留學生偶然撿到他的「輔導員」忘在他宿舍裡的一個筆記本，裡面詳細記滿這位波蘭留學生經常會見的人以及類似的情況。

其實中國學生的情況也被彙報。他們被分成六至七人一個小組，在每週五小時馬列主義政治課一起學習、討論時事和政治問題。若小組發現有人經常情緒低落，對於新的社會秩序不滿，或對政治制度無法適應，大家就會千方百計讓他或她認識到自己思想錯誤，必須改變態度，不能把自己的利益放到集體和祖國的利益之上。一學年結束時，所有人都必須向學校政治領導遞交一份總結報告，既要介紹本人的狀況和立場，也要評議組裡其他成員的問題。此舉可以使當局了解應該要特別監視哪些人。

這使我想起過去瑞典和西方某些自由教會和教派對異端教徒的懲罰，他只不過對教會發表了一些個人看法，被開除教籍還不算，同時意味著不僅失去尊嚴，將來也不得與其他教友來往。個人無足輕重。派別、集體才是一切。

儘管如此，透過非官方管道，我還是結交了很多親密的中國朋友。幾十年來我向他們提了很多問題，例如發生在中國的動盪和政治運動，及其造成的災難。我總是可以從他們那裡得到真誠的回答和保持密切的聯繫。

監管工作不僅僅由「輔導員」進行。外國留學生宿舍不時遭到檢查，我們很不適應。為避免夜裡走廊的燈光通過門上的窗玻璃照進屋裡，我在玻璃上貼了報紙。有一天晚上從外面回來，地上散落幾塊碎報紙，一片狼藉。那是我首次發現有人爬上去調查報紙後面是否藏了東西。

各種跡象表明，有人動過我的化妝品、平時吃的藥和衣箱。對此我採取一些措施，在箱子上沾了一根細線，就能看出是否有人進入衣帽間翻騰。後來發現，那根線不見了，箱子裡的東西被翻過。還有一次，我用中國的老方法，在衣帽間的門底部貼上一小塊不易看見的白紙。回家時發現，那塊小紙破碎了。

一個星期天早晨，我從琴盒拿出琴想坐下來彈一彈，卻發現一點聲音也沒有，令我大吃一驚。

因為上個星期我還在美國老友鮑勃．溫斯爾家彈過，他在北大教英語。我還在大禮堂為二百多名中國學生舉辦一場小型音樂會，演奏文藝復興時期的音樂。

「**請瑞典的林西莉同志演奏歐洲民樂。**」當時的聲音還很美。琵琶放在一個結實的特製盒子裡，絕對安全。可是現在沒有一條弦可以與其他弦和音，原本低音弦在最近幾個月不管氣候變化都處於良好狀態，此時卻鬆鬆垮垮，琴軸也全鬆了。難道有人懷疑我的琴裡藏了什麼東西？或者有人想試彈一下？還是它曾被摔在地上？

我對於有人進入房間亂翻一通感到不悅。向外國留學生辦公室領導抱怨，但他們矢口否認，表示從來沒有對「我們尊貴的外國留學生」做過這類事情。我肯定搞錯了。但我沒有搞錯，我一次又一次做記號，以確認是否有人進入我的房間搜查。事實證明確有其事。他們是誰呢？北大自己的保衛處？或者是留學生辦公室的什麼人？

其他的留學生講，他們所有從本國寄來的信都被拆開過，然後再被封上，信紙和信封經常黏在一起。謝天謝地，我沒有遇到這種情況，我的信都是透過瑞典駐中國大使館轉給我。

◆

受監視的不僅是外國留學生。其中一位對此事不願意對我明說的是尼爾斯．霍姆伯格〔1〕。他是一位強悍、充滿活力的矮個子男人，長滿灰色寒毛的胳膊上有著大朵的紋身刺花，正受聘把毛澤東的英文版著作譯成瑞典語。

他是信仰堅定的共產黨人，住在位於北京西北邊的友誼賓館。一九六〇年中蘇不可挽回的分裂前，是蘇聯專家住在那裡，後來他們都回國了。我有幾次被邀請到那裡去，他領著我在那個大院子轉了轉，裡面設施豪華，有游泳池、舞廳、網球場、影劇院，還有一個屋頂露天平台，夏季週末晚上會有舞會，免費提供酒水。住在那裡的人可以免費享受各種服務，如清潔、洗衣服和熨燙衣服等。

這座綜合建築物大約可以為幾千人提供服務，但是蘇聯撤回專家以後，剩下的外國人不足一百。尼爾斯・霍姆伯格請我吃了一頓伴有俄羅斯輕音樂的美妙晚餐，我們坐在幾乎空無一人的寬大餐廳裡，他大談中國人吃得多麼好、比我們吃的多麼合理有營養。他說：「這是幾十年來盡人皆知的，形式簡單，但營養合理。多好的調味！」然後我們去他住的美麗套房，喝中國香檳酒和談論中國政治。

他說：「一九五八年大躍進，完全被西方誤解了。這是動員全民實現中國工業化絕無僅有的巨大貢獻，是天才的一著棋，確實顯示了中國共產黨的智慧。」

我問：「但民生問題很大，不是很多人在談論饑荒嗎？這到底是怎麼一回事？」

他說：「今天中國的民生狀況比過去幾十年好多了，當然，有定量問題。是天氣不好造成的。不過那只是枝節，是由不幸的情況造成的。很快就會得到解決！用不著擔心。」

隨後我們改變話題，談起北大，我抱怨那裡的教學方法欠妥當，並提出幾條必須要改革的意見。「請你給校領導寫個意見！」他邊說邊拍打他坐的那把大安樂椅旁邊的牆。「會有用的！當然，有時候會像與這堵牆交談一樣，不過領導班子內部有一個收集意見的機制，大家反映的一切最終都會集中到能做出絕對正確判斷的人那裡！」

尼爾斯·霍姆伯格很快了解，他的話引起我的反感，我胳膊上的寒毛都豎起來了。他是真的相信這些辦法行得通，或者他對此感到害怕，還是僅僅為了擺脫窘境？他改變話題，興致勃勃談論馬克思主義概念「對抗性矛盾」，並振振有詞地說，只有資本主義國家才有這種矛盾。

我說：「啊，不過在一個處於領導地位的官僚主義集團或政黨，與沒有監督和控制權的人民之間也有矛盾呀。這種矛盾也可以視作對抗性的吧？」

他回答：「在一個社會主義社會是不可想像的，那裡這類矛盾都是可以克服的。」

◆

一九五〇年代[2]，喬治·歐威爾[3]發表小說《一九八四》。我閱讀後感到極度恐懼，小說描寫的那種社會與我想要生活的社會完全相反。我和很多讀過這本小說的人似乎看到了蘇聯極權社會的情景，那裡存在這類可怕的社會制度，我們該慶幸，自己生活在自由、開放的瑞典。來到中國後，我感到這是一個與歐威爾筆下的社會幾乎一樣的國度。我在一九六一年六月十三日的日記中這樣寫道：

讀歐威爾的《一九八四》。令我吃驚的是，我在這裡又認出書中的景象：監視、紀律、誰也不可相信、沒有家庭紐帶、領袖崇拜、戰爭像是鬧劇、思想灌輸、是非不分、變革不斷、虛構歷史等等。最可怕的是「失憶」，證據消失了，歷史被常換常新。不被權威化的東西根本不存在。改造思想，一個活生生的頭腦被打破，而填進合適的因素。不僅要學會說我明白了，還要含淚說「愛」。

新語[4]，一種被嚴格限定使用範圍的語言，是全面控制思想的工具。這種語言滴水不漏，只能表達當權者允許的東西，不可能批評當權者，因為裡面沒有這類文字。

稍後，我的筆記本上有了另一段插記，直接來自我在北大聽老師講課：

「驕傲」這個詞只能用來形容共產黨員，形容資本家只能用「盛氣凌人」。這是幾天前她在解釋一九四九年以來，很多詞語的意思有了變化時說的。「我們絕對不可以形容一位資本家驕傲，」她說，「因為他不可能是驕傲。」很多類似的詞，如「火熱」、「犧牲」、「堅定」只能形容共產黨員，不能形容「一個資本家」。

生活在當時中國如此教條和封閉的國度裡讓人感到異常奇怪。多數民眾（在和外國留學生接觸時）總是感到害怕，時刻小心翼翼。我清楚地記得，有一次我為一位新認識的中國朋友簡單地照幾張相，接著她突然變得非常緊張。她請我把膠捲交給她自己沖洗，因為如果由我給照相館沖洗，她可能被盯上，被懷疑與外國人密切接觸，會給她繼續在大學工作帶來很大麻煩。我被迫從相機裡拿出整個膠捲，結果所有底片都曝光了，她覺得這樣還不夠，我們一起剪碎膠捲並且把它們燒掉。

把歐威爾的小說《一九八四》翻譯成瑞典語的正是尼爾斯·霍姆伯格。很遺憾，當年我在北京遇到他時並不知道這件事。否則請他談談書中所描寫的制度與我們倆生活的中國社會有何異同會非常有意思。不過，還好這樣的對談沒有實現，不然也太殘酷了。

注釋：

1. ——尼爾斯·霍姆伯格（Nils Holmberg，一九〇二至一九八一）瑞典記者、作家和著名馬克思主義理論家，曾把英文版《毛澤東選集》和《毛主席語錄》譯成瑞典語。

2. ——英國原版發行於一九四九年。

3. ——喬治·歐威爾（George Orwell，一九〇三至一九五〇）英國諷刺小說家、新聞記者和自傳作家。曾為英共黨員。他一生政治觀點複雜多變，《一九八四》是他一九四九年發表的諷刺小說，其中描寫一個權力過分集權的社會如何歪曲真相和不斷改寫歷史。

4. ——新語，是喬治·歐威爾在諷刺小說《一九八四》裡創造的一個新詞 newspeak，指以模稜兩可和自相矛盾為特點的宣傳語言。

不過北大的一切不全是政治教條主義、僵死的官僚主義。在為數不多的幾年中，仍然有活躍的知識份子生活。北大校園西北角，在有著莊重紅漆大門的正門不遠處，坐落著鮑勃．溫斯爾的灰色小房子，一個可以公開討論問題、反映校內外平靜表面下發生的各種事件的自由天地。下午和晚上，有很多他的年輕學生聚集，他們喜歡聽他講莎士比亞和其他西方文學，特別是狄更斯的《霧都孤兒》裡奧列佛．特維斯特乞討要飯的故事。膽子大一些的同事也到那裡去，討論國家、北大和他們自己遇到的問題。我也經常去。

在北大校園圍牆內有個引人矚目的環境。走近那棟房子時經常能聽到小院裡飄來音樂聲。鮑勃．溫斯爾教授是一位音樂愛好者，收集了一大批西方古典音樂唱片。在低矮、縫補過的沙發後面，有一個四公尺長的書架，格子裡擺滿各類唱片。屋子裡不停地有自由、公開的談話，當然中國問題占首位。客人絡繹不絕，狹小的房間擠得滿滿的，大家都有問題要問要討論。如今，很多年過去了，我仍然不明白，考慮到當時中國的國情，這種事情怎麼能進行呢。

不過這棟房子好像被人監視著。有兩個人經常坐在不遠處湖邊的橋上，記錄所有進出的人，有一天他們甚至走進院子，並在竹椅上坐下來，大概他們只是想好好地聽一聽巴哈的大提琴組曲吧。溫斯爾教授到北大政治領導那裡告狀：「是不是要在我院子裡搞間諜活動！」後來經過溝通，他們言歸於好。

溫斯爾教授的中國經驗無懈可擊。一九二〇年代末，純粹為了歷險，他來到中國，被當時的革命運動深深吸引，隨著時間的流逝，他開始積極參加反對日本人和國民黨人的鬥爭，曾擔任京津兩地共產黨地下領導人的祕密信使。

有一次他被指派傳遞有關前線的重要文件，他完成了使命，方法極為奇妙。他把文件纏繞在自己的生殖器上，然後敷上帶血的紗布。當他通過封鎖線時，如預料之中，他被抓住，立即被帶到一旁徹底檢查。當他赤裸全身站在那裡，那位日本關檢人員突然猶豫起來。當被問到繃帶時，溫斯爾有些難堪地解釋，他患有梅毒，他立即被放行，高高興興繼續趕路，把這些重要文件成功傳遞出去。

在他家裡我們聽過很多這類故事。他半躺在沙發上，經常用手玩套在脖子上的眼鏡繩或趴在自己腳上的貓。我們則三五成群地擁在他的周圍。談論這個國家政治和經濟狀況帶來的各種問題。我就是從他那裡得知北大圖書館裡的很多書在搬運過程中不翼而飛，後來在未名湖的湖底汙泥中找到。是他建議我在食堂吃飯時要謹言慎行。據說那位態度和藹、負責打飯的孟先生，是一個地位很高的員警，負責監視和報告他看到的一切，例如我和其他人與哪些人一起吃飯等。

當我首次見到鮑勃·溫斯爾時，他已經七十歲，但看來像五十多歲。一個臉上有皺紋、眯著眼的老頭卻從事小夥子們的運動，定期騎三十里路的自行車到市內辦事或會見朋友。他還給了我一張自行車路線圖，標示著怎麼到北大北面的頤和園，他自己就經常騎自行車去。遺憾的是，那時我沒有自行車。

◆

在我與溫斯爾教授接觸以及與他那個圈子裡的人談話中，剛開始我真不敢相信一九六〇年代初中國的狀況有那麼嚴重。但究竟有多嚴重，當時我們並不完全了解。有關民生問題的所有資料，當局和媒體一直遮蓋著。

我當然發現北大學生面黃肌瘦，臉和手關節都有奇怪的浮腫，他們吃的飯菜缺乏營養，但是我不知道什麼是他們正常的樣子、中國的日常生活通常是什麼樣。

我看到那麼多的人有瘡和疤痕，上面塗著淺紫色的藥，很多人的脖子和耳朵底下貼著奇怪的膠布，不過我不知道他們為什麼要那樣做。有很多人戴著黑紗，上面有一個白線縫邊的「孝」字，別人告訴我，這是指一位父親或母親去世了。

「這是一個近乎消失的習俗，不過最近一年又恢復了，」我和一個人談起這件事時他這樣說，隨後他補充說：「這也許是對政府政策的一種抗議。」

直到春季來臨，我看到一群群的北大學生爬到校園的樹上，這時候我才明白，他們是去摘新鮮樹葉吃。當我自己開始掉髮，並擔心很快會生病住院時，我才明白，這個國家的飢餓狀況遠比我想像的要影響深遠。

因為在那裡，即協和醫院要人門診部（一般還稱這家醫院為洛克菲勒醫院）進大門靠右邊的亭台上，一連幾個月我都能看到有祕書（警衛）陪同的高幹們排著長隊，像我一樣每週要來這裡等待注射維他命Ｂ。很明顯，他們也有缺乏蛋白質的困擾。我慢慢認識到，自己的境遇和身邊發生的事情可能只是冰山一角。

這些身居要職的先生們隨時隨地都有司機和警衛陪同，把一切都安排好，這不僅僅是為了擺譜，在某種程度上做得天衣無縫、細緻而周到。溫斯爾教授講，文化管理部門的一位高官，有次讓司機留在車內，自己去東安市場買了一包茶葉，只花了幾分鐘就回來。但有關部門專為此事開了一次會，提出嚴肅批評，指他的做法會帶來生命危險。有人聲稱有大量的殺手和其他暴徒，單獨行走是極不合適的。（真奇怪，我們在北大上課時不是說，中國人民深深熱愛自己的領袖嗎？）也許事情遠不是那麼回事，而是這個人想抽空會見誰，有意躲開警衛的眼睛。我每次去醫院都能在那裡看到，幫高幹拿大衣和零碎東西的司機、警衛跟護士聊天。「病人在絕大多數情況下都能自理」，這個看法不被接受。

◆

可能要過幾十年才能弄清楚，一九五八年到一九六二年那些悲慘歲月究竟發生了什麼事。溫斯爾教授了解的情況比絕大多數人都要多，他對於控制完全持批評態度，與到他家裡去的人分享他所知道的一切。比如他通過自己的巨大聯繫網得知，很多墳墓中的屍骨都是死於營養不良，這些事情不允許讓公眾知道，當政治充斥一切活動時，很多人陷入困境。

共產黨於一九五六年五月開展「百花齊放」運動，讓知識份子「百家爭鳴」，對社會現實提出批評。但批評的廣度和激烈程度大大超乎他們的想像。在一九五七年二月發動的「反右派鬥爭」中，有五十五萬人被打成「右派份子」，他們被降級、坐牢，或被驅逐到農村接受改造。直到鄧小平復出後，一九七九年他們才在勞改場得到平反。

據說，農民對於接待這些被貶斥者興趣不大，隨著時間的流逝，他們要求這些人離開。他們說「活兒幹得不多，飯吃得可不少」。從一九六〇年到一九六一年冬天開始，這些被驅逐者逐漸被允許返回工作崗位，但是絕大多數人仍然被歧視，很多人沒有機會恢復原本的工作。

溫斯爾教授曾經談到其中一位有經驗的楊姓北京大學醫院外科醫生，他在「反右派」運動中被從崗位上調離，由一位只受過兩年教育的年輕護理員取代。當這位年輕人無法應付一次嚴重外科手術時，楊醫師被叫進手術室，站在旁邊一步一步告訴這位護理員該怎麼做。最近還發生了一件事，有個人得了盲腸炎，卻整個胃都被切了，病人因而大出血，等楊醫師被叫來指導時，也無計可施了。

所有的行政管理人員活得都很不踏實。不管他們怎麼想做好上級的指示，最後總是出錯。因為醫療資源太少，床位和藥品都很缺乏，醫生們被要求重病輕報，避免過多的手術治療。

一位醫院醫生給一位抱怨胸部不舒服的婦女看病。他很快就得出診治結論，沒發現什麼嚴重問題，隨後就把她匆匆打發走，沒有採取任何措施。半年後她到另一家醫院，被查出患有乳腺癌。在一次大型批判會上，前一位醫生因疏忽大意受到嚴厲批評，他的工資由二百多元降到一百多元。他還因為家裡使用日光燈、不使用白熾燈而受到批評，工資被進一步削減。

一位在英語系任教多年的年邁女教師在反右派運動中遭到批判，並遭到北京大學所屬的海淀區「人民法院」審判，被褫奪公民權三年。在此期間她仍然屬於北大的人，在系裡打掃衛生和擔任別人的助手，不得離開北大校園。有一天早晨溫斯爾教授到系裡去，看見她趴在地上擦地板。她的工資從每月一百六十元降到四十元。中國大學生每月二十元，外國留學生從二十到一百元不等，這取決於他們來自哪個國家和地區（數額主要依據國家間談判的結果），他們認為這點錢很難生活。

一九六一年十一月，三年期限到了，她來到人民法院要求恢復公民權，目的是想搬到市內的家裡，但又遭到拒絕。她必須繼續在系裡打掃衛生，還是不可以離開校園。沒有一個過去的同事敢公開跟她說話。

有一天，在我去溫斯爾教授家裡的路上，碰到他系裡的另一位同事。我過去不時地看見過她，但不知道她是誰。溫斯爾說，有很長一段時間，不知什麼原因她總是到他家裡來，突然有一天，就在要離開時，她說：

「我知道，你們已經聽到我丈夫打我的傳聞。」

對此事他其實一無所知，但她披露這件事的方式，讓他立刻想聽個明白。

她說：「對，他真的打了我，用一根棍子。」她伸出青一塊紫一塊的胳膊讓他看。「他是一個積極份子，但無法承受各種壓力。所以他回到家就打我。我說的話，沒有人相信。」

然後她就走了。

隨著歲月的流逝，溫斯爾教授參與革命活動的激情明顯減退，儘管他的內心可能依然是紅色的。但從一九六〇年代初，當政治和社會向前發展時，他感到愈來愈迷茫。無限制浪費人性資源和夢想、嚴重的教條主義、監視和迫害「持不同政見者」（其實不是持不同政見者，只是說幾句真話）以及絕望的經濟狀況，讓他愈來愈憤怒。

「這些都不是我們奮鬥的目的，」他說，「三十年前我們希望看到的是一個完全另類的社會。」

六月二十八日蒙古留學生舉行宴會，慶祝蒙古獨立四十周年，他們從聯合國得到明顯信號，蒙古將成為聯合國正式成員，儘管到秋天才會成真。盛大宴會在禮堂舉行，所有的外國留學生和他們的「輔導員朋友」都被邀請參加。蒙古姑娘那天都穿上五顏六色中國製的節日盛裝，裙子在平日穿的高筒靴旁擺來擺去，向來賓問候、歡迎。蒙古小夥子（他們比一般的男孩子更有男子氣概，很多人已經在北大學習近五年）穿上有著寬大襖袖的蒙古族棕色半截長袍，腰上繫著橘色或淺綠色寬大布腰帶。宴會剛開始他們就喝醉了。紅色裝飾掛滿禮堂的牆上，一張大桌子上擺著三明治、蘋果和啤酒。還有舞會。

那時的中國舞曲類似進行曲，一開始很誘人，但大家很快發現，唯一的動作或者舞步只能上下搖擺。大家直接往前走、轉身、再走回來。鼓點沉重而有規律，節奏和音樂不合拍，該轉身無法轉，搞得手忙腳亂。來自烏干達的烏蓬古是一個音感很好的高個兒小夥子，我們倆開始跳舞，剛開始我確實滿懷希望，但過了一會我們就放棄了，實在沒辦法跳。

中國學生繼續跳，舞伴與舞伴的身體離得很遠。男孩子把大拇指放在女孩子的腰上，手掌彼此小心翼翼地對著。身體沒有任何動作，只有腳邁著平穩的碎步。

絕大部分蒙古小夥子都瘋了。他們不管什麼音樂不音樂，只是旋轉。音樂有感情高潮，也有規律的背景，用不著細說。旋轉也如此，他們要保持平衡。後來他們停下來，搖搖晃晃的，沉重地靠在牆上，想方設法恢復體力，以便下一次再瘋狂地滿屋子旋轉，完全不考慮其他人。當一切過去以後，他們目光空虛、疲憊地靠在大廳盡頭的椅子上，已經無力與別人交談。蒙古姑娘一直避開，她們專注招待客人。一支舞也沒跳，更沒有旋轉。

當我稍晚回到學生宿舍時，一群人密密麻麻地圍著一位倒在地上的年輕的蒙古女人，她的衣服被扯得亂七八糟。沙爾馬，那位尼泊爾小個子小夥子，他說，屋裡太熱，他一直坐在這裡的台階上乘涼。他看見她跑過來，藏在樹叢後面。一位年紀較大的蒙古男人追過來，一把抓住她，朝她頭上猛擊一拳，她倒下了。救護車被叫來。沙爾馬解釋說：「他非常愛她。」由於某種原因此事不了了之。中國「輔導員」一言不發地站在那裡，什麼也不明白。有誰能向這些處男和牽著手、情竇未開的害羞的女孩們解釋，蒙古人有自己的習慣，他們過著完全不同於自己宿舍裡的生活呢？

若這件事發生在一個中國女人身上，一定會定為「強姦」。中國當局會堅定認為，任何中國女人都不會與一個外國人胡搞。即使有證據證明最近這個月他們在一起有二十五次之多，而且是你情我願，此事還是會被稱作強姦。男人將被立即驅逐出境，而女人會被送進勞改場。那年春天，一位阿拉伯留學生與他的中國女朋友就屬於這種情況。

蒙古留學生堅持認為，這件事屬於他們內部問題，與中國人沒有任何關係。但是他們的意見沒起任何作用。第二天兩位留學生都從北大消失了。氣氛令人感到壓抑。

隨著中國國內形勢普遍惡化，很多北大外國留學生已經失去了學習興趣，不少人選擇回國，兩棟留學生樓只能關閉一棟。

一九六一年秋季開學時，情況突然改變，大批樂觀、激情、粗野、新奇的古巴青年留學生蜂擁而至。最明顯的例子是，他們對北大領導竭力推行的種種壓制不可理解。一如預期，形勢急轉直下，十月底導彈危機爆發時，古巴人又全部走掉，不僅是北大而且是整個當局威信掃地，他們本希望透過這批留學生加深與古巴的聯繫，而現在古巴愈來愈與蘇聯靠近。

早在一九六〇年秋天，不同院校的非洲留學生與中國當局已經產生過激烈衝突。他們對教學和生活條件長期不滿，當他們不贊同北大校領導的觀點時，有一次他們還罷課一周。

一九六一年春天，矛盾與日俱增。很多留學生想回國，但他們是中國政府邀請來華學習的，已經簽訂五至六年的合約，旅費和學習費用都由中國政府承擔，他們無法一走了之。很遺憾，他們絕大多數人無法獲得本國大使館的幫助，因為他們的國家在中國沒有大使館。因此他們建立了學生會，以便他們的要求能得到滿足，中國當局覺得很不順眼，千方百計加以抵制。

校方認為，如果這些留學生中斷學習回國，將損害中國的國際聲譽，所以得想方設法挽留他們。烏吉迪，一位跟我比較熟的非洲烏干達留學生。他說最近一年已經有四十七名學生利用不同的機會裝病，成功結束在華生活。另一位留學生打了員警，被輕易驅逐出境。到一九六二年，已經有九成的非洲學生離開中國，他們當中的絕大多數人在中國都有不好的經歷。

最終導致非洲人成群結隊離開中國的起因是一次激烈衝突。阿里，一位來自尚吉巴的留學生，一九六二年三月被和平賓館的工作人員毆打。據非洲人說，阿里想買一條香菸，但對方只賣給他一包，因此發生爭執。後來性質全變了，他被拖進後面的房間遭到毆打。一對在國際廣播電台斯瓦希里文組工作的尚吉巴夫婦，也住在這家賓館，想過去救助阿里，但也被打，已有七個月身孕的妻子因受到嚴重傷害而暈倒，只得與受傷的阿里一同送醫。對非洲人來說，這件事再次證明他們認為自己在中國一直遭受種族歧視。

十月一日國慶日

我宿舍的窗子對著一個很大的垃圾場，那裡堆放著各種報廢的機器和爐灰。再過去是一個已經多年不用的籃球場。但一九六一年九月卻成了十月一日國慶日遊行活動的排練中心。北大學生當然要參加慶祝活動，各系的學生天天在震耳欲聾的音樂聲中排練。幾個人抬著大型標語牌和北京大學的校旗走在隊伍前面。

當天早晨三點三十分，我隨大家先乘郊區火車到達城牆旁的西直門火車站，再步行一個小時，穿過漆黑的城區，到達能通向長安街的一條小街，等候十點開始的遊行。軍用卡車在大街上川流不息，滿載其他的遊行者。開始時大家充滿期待，但是一小時一小時過去，等得有些不耐煩。大家坐在那裡等，忍受疲倦、飢餓和清晨的寒冷。帶飯的人拿出冰冷、僵硬的窩頭吃，大長桌子上有白開

水供應，可以用沒蓋的大白瓷碗喝。在遮擋物後面有個溝，是在人行道旁邊挖的，當臨時廁所用。

為了消磨時間很多人打撲克牌或觀看附近街道上的居民，而居民們反過來也驚奇地看這些大學生和他們拿的旗幟、紅黃紙花。有小腳老太太，有留著稀疏鬍子的光頭老頭，有時候能看到穿著長袍、叼著長菸袋的人。

兩個分開的世界。遠處天安門廣場的擴音器裡傳來市長宣布遊行開始的講話聲，一切正在進行中。十點半準時開始。大家排好隊，期待已久的遊行終於開始了。哎呀，總算來了！

沒有參加遊行的我和其他外國留學生在東觀禮台就坐，緊靠天安門。看到一百萬遊行的人手執紙花和旗幟滿懷激情地走過去。毛澤東、周恩來、朱德等領導人與尼泊爾國王、應邀來華訪問的各國共產黨領導人站在天安門城樓上。

大型花車從長安大道滾滾而過，上面的體操運動員、雜技演員和北京各京劇團的演員表演各種節目。花車上的少數民族戴著皮帽子或黑色頭巾，揮動寬大的衣袖，載歌載舞，西藏人戴著可笑過時的西式帽子，剃光頭的僧人手持紙做的蓮花，鋼鐵工人表演鋼花四濺的勞動場面，有的花車上拉著白菜、魚和其他誘人的食品。啊，一切都是大家渴望和政府答應供給但是無法做到的好東西，像墨水、筆、臉盆、暖水壺和紅色塑膠包。在他們後面，是潮水般湧來的少先隊員，他們揮舞著手中的花環彩帶，五顏六色，絢麗多彩，場面極為壯觀。

幾千個民兵和同樣多的穿著紅黑泳衣的游泳運動員走過來，自始至終有人領頭呼喊震耳欲聾的口號：「人民公社萬歲、大躍進萬歲、毛主席萬歲！」歡呼聲中，大家抬著馬克思、恩格斯、列寧和其他受人尊敬的領導人的巨型畫像過來了，還不時朝空中放紅色氣球和白色鴿子。一輛卡車拉著十公尺高的毛主席石膏像過來了，周圍是來自全國各地的各民族青年，他們穿著五顏六色的民族服裝載歌載舞。在天安門城樓上，毛澤東本人站在大紅燈籠和要人中間，朝著經過城樓下方、看上去只有針鼻大小的人民揮手致意。我帶了軍用望遠鏡，一直看著他。

洗手处

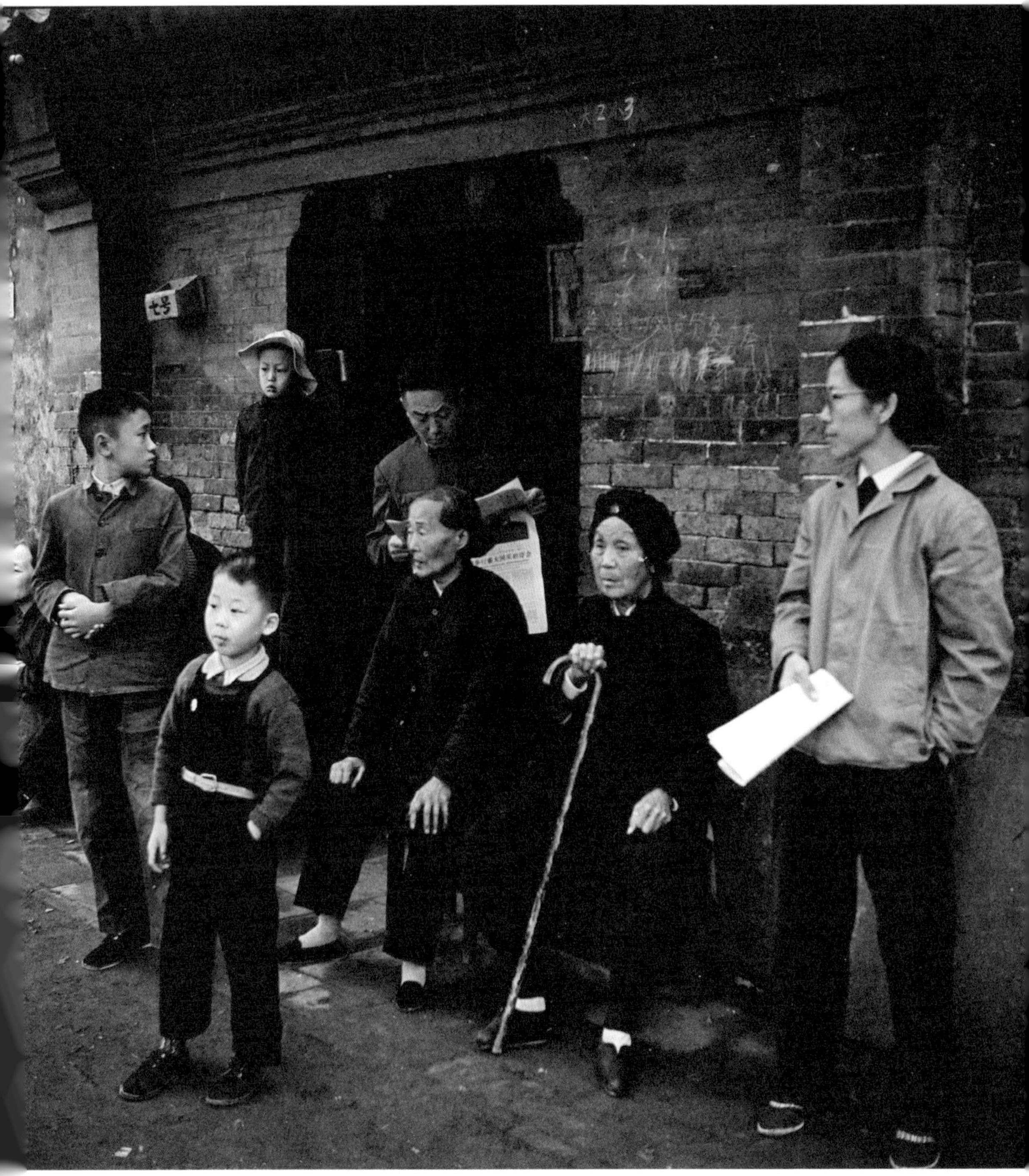
七号

晚上天安門廣場人山人海，長安大道上的人載歌載舞，主要是青年人，工作人員組成結實的人牆，不放任何其他人進去。慶祝活動是以施放一小時的煙火結尾，天安門廣場周圍有十五個發射台，煙火很單調，綻放時就像大小瀑布，不過每次顏色都不同。但有著強烈的象徵意義，是這個民族對未來幸福生活的夢想，是這個漆黑的城市和時期中一次光明的經歷。

大約一周以後，裝

人行道邊的廁所

滿優質大白菜的馬車從北京郊區各個村莊咕咚咕咚拉進北京城，人行道和一切空間都堆滿了小山似的大白菜。市民排隊爭先購買，買回家以後把它們像珍品一樣掛在一切可能和不可能的地方晾曬。家裡滿是一排一排的白菜，牆頭上和房間的空地，到處都是大白菜。

我宿舍前面的樹葉已經枯黃凋落，但此時上面擺滿大白菜，起初白心綠葉，後來顏色一天一天變暗，像是去年春天鳥築巢時從樹上掉下的殘渣。那些樹木被人裝扮成一個可怕的祭品，菜葉在風中嘩嘩作響，一派令人驚悚的景象。爛白菜葉的氣味令人感到噁心。冬天即將來臨，一想到這會是當家蔬菜，實在讓人難以接受。

北京大学

向居民提供的冬儲大白菜

北京郊區
更多的拖拉机

政策失誤與貧困

北大外邊有一個名為海淀的小村莊。除了地區管理機關以外，那裡還有幾家可憐的小商店和一家小飯館，因為缺乏食材，這家小飯館經常關門歇業。從十七世紀到一九四九年革命，這裡是北京達官貴人的夏季避暑之地，很多這類小院依然存在。我在那裡轉了轉，小心翼翼地敲了幾家門，想問問我能否進去看一看。可以，沒問題。

一般都是具有傳統風格的四合院，花草、樹木、假山，曾經讓人感到愉悅和涼爽，還有漂亮的花格窗子和門，但是如今這些已經被相當數量的一般家庭占有。他們似乎對於這些古老的建築物沒有多大興趣，僅僅是住在那裡。他們在小院裡隨便找一塊地方做飯，牆角堆放著爐灰和垃圾。花草和假山都不見了。

不過海淀周圍除了北大之外是不折不扣的農村。

北京東南角緊鄰大平原，北面、東面和西面都是山，這些山是與海拔一千多公尺高的蒙古高原的分界線。自古以來就有人居住在這裡。北京西南方向一小時車程處有周口店，那裡有五十多萬年以前被稱作「北京人」的遺址，是一九二〇和一九三〇年代考古挖掘中被發現的，領導這次挖掘工作的就包括瑞典地質學家約翰．貢納爾．安特生。一九九六年在北京的主要商業大街王府井附近，建造結合辦公購物的東方廣場時，發現約二十五萬年前舊石器時代的人類居住遺址。不過到目前為止只公布了所有發掘物中的幾件。

早在公元前幾千年，北京就可能是蒙古人、高麗人以及山東半島、華中平原地區各小國之間長途貿易的重要地點。從十二世紀起，中國的首都就設在此地，幾世紀以來北京陸續建造起高大城牆，當我首次來到北京時它們依然存在。

一九五〇年代大部分時間裡北京城內大致保持原樣，但城牆被拆得亂七八糟。城南崇文門東南角開始建北京新火車站，城牆上的土、磚和石頭被拿來當作新建築的材料。

◆

北京老邊界外早已存在的工業，如西邊的石景山鐵廠和門頭溝煤礦迅速擴展，在東面和南面建起了機關車輛廠、紡織廠和一些其他電力和工業企業，在周圍建起了一排排職工宿舍，與北大學生

宿舍一模一樣。每個家庭一間房，在走廊做飯，院子裡則有公共廁所。

朝北走，能看到沿著北大和頤和園的路兩邊建起了很多新大學和科研院所。但坐落在山與海之間的大平原，絕大部分地區仍然當作耕地，主要種植穀類、玉米、向日葵和蔬菜。六〇年代初約有五百萬人住在這裡的平原上，如今已有三千萬。

星期天我外出遠足時，一離開北大的高大院牆和海淀村，就會看到純粹的農村景象，田野中孤獨的房子，有的蜷縮在半山坡上。絕大多數房子都很低矮，用土坯或夯土建的，周圍有帶刺的籬笆、大垛的秸稈或糞坑。有幾個地方，圍牆裡的房子緊挨著。窗戶都糊著白紙，每年換一次。看起來很原始，但據我所知，防寒效果像簡單的玻璃窗子一樣好，而且花費不高。實際上冬季雨雪很少，窗戶紙很管用。

夏天時，住在平原上的人每天都很勞累，一切靠手工操作，沒有拖拉機或其他農機。農民春天準備播種時，把糞肥撒在田裡，用鋤頭或犁把它們與去年留在地上的莊稼根部翻進土壤裡。犁的樣子我很熟悉，從青銅器時代一直到十九世紀中葉，瑞典農業一直都在使用。這種農具我們稱之為「簡易犁」，用一個帶彎的樹枝頭上包一塊鐵皮，能插進土裡，但不會折斷。看起來很古老原始，但考慮到華北地區土壤薄又多沙，使用這種農具也算合理，可以減少水分蒸發。農夫先從頭到尾犁出平行的犁溝，然後橫著再犁一遍。我們歐洲人也曾這樣耕田，直到現代化的翻地犁出現才停止。簡單的木犁相當輕便，犁完地可以把它扛在肩上回家。

秋收以後，農人把玉米稈放在牆邊晾曬。當我經過農家院子時，經常能聽到打穀場上傳出有節奏的撞擊聲，村民把穀穗往地上或一個木框上摔打，穀粒從秸稈上分離出來，在空中閃閃發亮。

農家院牆上一條標語，是批評國防部長彭德懷和其他反對一九五八年大躍進的人。

玉米收完以後，秸稈要留在地上一段時間，再收起來當柴燒。較嫩的上半部分弄碎後，翻到土裡當肥料，當時還沒有化肥，這叫秸稈還田。人畜糞便放到露天的大坑裡，每家院子裡都有，等第二年播種時撒在田裡。騾子和驢的尾巴底下掛一個糞兜接糞。儘管如此，還是會有畜糞掉在路上，小孩子的任務是把它們拾回家，什麼都不能浪費。

北京郊區的農家院與中國絕大多數地區一樣，沒有現代人認為理所當然的舒適設施，如電和自來水。生活跟著太陽轉，日出而作，日落而歸。沒有燈下閱讀的愜意夜晚，更不用說電視。過了一代人後，電視才普及起來。我經常在河邊看見成群的婦女洗家裡的髒衣服，攤在石頭上曬乾。很多人把河水打回家，貯存在門外邊的大陶瓷水缸裡。

有些村莊和農戶很幸運，可以喝井水，但從井裡打水很費力氣。然而這種工作通常都是由婦女、孩子和老人負責，令人吃驚。還有推碾子磨麵這類工作，石質的碾子和磨都很重，一圈接一圈地轉，永遠沒完。這些都是沉重的勞動，男女老少齊上陣。若他們總是這樣幹活，我不知道他們的身體能否承受得住？

同時他們是新型社會主義的一部分，響亮的口號一刻不停，激勵他們向更高的生產目標和難以承受的要求前進。但各種運動一個接一個到來，農民開始喪失對政治和政府的信任。共產黨掌握政權後，曾經保證會進行土地改革，把土地分給佃農和無地的農民。保證兌現了，但是農民的數量比當局估計得要多，土地卻比較少（中國只有百分之十二的國土適合耕種，其餘是沙漠和山）。從長遠看，每人兩平方公尺的耕地無法支撐經濟。

因此當局號召農民成立合作社，希望大家共同使用牲畜和農具。但是很快發現這樣也無法解決問題。一九五八年整個農村組建人民公社，以提高單位效率。這大大出乎農民預料，也意味著農民失去一直盼望的土地使用權。隨後的大躍進，希望藉由興修水利設施的群眾運動，提高生活必需品的產量，以便開發迅速實現全國工業化所必要的資源。目標是一鼓作氣在五年內將鋼產量超過英國。

結果適得其反，造成嚴重饑荒和經濟混亂。當局為了保證供應狀況，被迫在一年後允許農民擁有一小塊自留地，種自己需要的蔬菜。在這種情況下糞肥的問題就凸顯出來。公社曾經建起了公共廁所，村子裡的領導使勁盯著，大家必須用公共廁所，因為這有益於集體的土地。偏愛自留地的農民遭到猛烈批評，因為他把自己的利益置於集體利益之上。

有幾年一些地區公社的領導人號召在村裡蓋樓房，農民長期居住的老式土坯房突然被視作不現代化、缺點太多。但沒有人想過，由泥土和蘆葦建造的舊式平房比瓦楞鐵皮屋頂的水泥樓房更冬暖夏涼。

一九六〇年到一九六一年，一切都停頓下來。一九四九年的共產革命，沒有實現帶來富裕社會的夢想，大量的經濟預測都證明是錯誤的，當那年夏天的酷熱到來，平原地區的很多人都躲在樹蔭下乘涼，他們沒有力氣也不想再幹下去。女人們平靜地坐在那裡織毛衣，男人們則把摘下的樹葉當菸抽。

大家開始沉思，他們會有什麼樣的前途和發展？

◆

在去中國前，從未認真想過大自然的意義，但在中國時，我是如此渴望自由、充滿生機的大自然。任何自然景色都好！森林、草地、叢林、河流和湖泊、種滿莊稼的土地，或者是一個管理得宜，但規定嚴格的自然保護區。一般而言，大家最能接觸到的是古廟周圍高大的柏樹，公園周圍有樹籬和平坦的小路，該怎麼走，設計得精準到位。

西山腳下的臥佛寺和其他大型古剎到處都有告示牌：禁止離開甬道，禁止採摘花和果子。經常去的景點都有各種路標，告訴遊人如何從一個景點走到另一個景點，路標還指示遊人可以在哪裡欣賞各種出自名人之手的碑文，然後再怎麼走向另一個景點。

有回我和幾位中國朋友談到這事。當我抱怨不能自由穿行大自然時，討論熱鬧了起來。各種觀景台和石碑確實漂亮，但若能自由自在、不受限制地走進一片大森林多好啊！也許比現在更好吧！

「你想想，為何不能讓大家自由享受現存的大自然？你只要看一看有很多人活動的地方就明白了。地面被踩得寸草不生，那裡的石碑當然也很漂亮吧？」

這個問題我明白了。若放開六億人的手腳（當時中國的總人口數），讓他們自由享受現存的大自然，一下子就可以把所有地方變成不毛之地，特別是城市周圍地區。瑞典制定的公民共有權法，建立在人口密度很低的基礎上，這意味著有人想採摘野莓果、蘑菇和在合理範圍內採摘野花不會造成什麼問題。在學校裡所有的瑞典孩子都學會了居住地區的哪些花不能採，而絕大多數孩子都會遵守。但在中國沒有制定公民共有權法，與瑞典相比，自然界的植被非常小。就是這個道理。

但中國人關於大自然的知識比我和絕大多數與我同齡的瑞典人都多。西山是准許住在北京的外

國人去的少數地點之一，廟宇群後幾個地方，說得好聽些，可稱為大自然自由區。夏季時，我看見有人挽著籃子，裝著幾種不知名的綠色植物。

中國人常遭受饑荒的折磨，很早就累積了用野菜充飢的各種知識。徐光啟是中國歷史上最傑出的科學家之一，他編的《農政全書》就是建立在千年經驗的基礎之上，是中國農業最富盛名的書籍之一。這本書是我去過西山後，在北京一家舊書店無意中找到的。這部作品彙集了一六三九年〔1〕出版以前，大約三百部關於農耕的書籍。書中附有插圖，介紹可食用的四百種野生植物。

過去農民沒有文化知識、不識字。但當地官員要對轄區內的居民負責，派人收集一切可食用植物的資料，讓農民掌握相關知識。

徐光啟在書中說，很多植物很苦，但水煮可去掉一些苦味，然後再用一點油炒，加上鹽和醬油。一九六一年到六二年的饑荒，大家仍然如此度過難關。如今北京豪華一點的飯店仍備有涼拌野菜，與瑞典把某種窮人吃的飯菜視為美味佳餚一樣。

後來我在前門南邊的六必居，看到了放在漂亮淺綠色陶瓷罐裡的野菜醬貨。有根、莖，還有一些葉子，就像我們在北大食堂飯後吃的小菜，酸鹹可口，非常好吃。每當我離開北京時，都要買上幾罐帶回瑞典。

有件事非常奇怪，北京周圍的植物和樹都沒有香味。土地骯髒、乾旱，直到來年六月。難道是春暖花開的季節沒有雨？初夏是發源於中國的紫丁香該盛開的時候，但一點香氣都沒有。我在西山散步時發現，小路兩邊長滿茂密的紫羅蘭，但就算把花瓣碾碎也沒聞到香味，而葉子卻有一點我在瑞典熟悉的迷人香味。

我沿著路往前走，經過一棟低矮的房子，房子外面坐著一位滿臉皺紋的小女人盯著我看。我不認得路，因此邊打招呼邊問，去汽車站是不是走這條路。她說我走得對。

「這裡是我家，要不要進來喝一點開水？」她邊說邊抓住我的手，把我領進屋裡。過去窮人家沒有茶葉，有陌生人經過時要請他們喝開水，這是一種好風俗。

如同我進去過的絕大多數農村房屋，屋裡沿著牆都有炕，長三、四公尺，用土坯搭的，灶台通著堂屋的炕。冬天時，在灶上的大鍋裡做飯，熱氣傳到有很多橫豎煙道的炕裡，不會從屋頂煙囪直接排出，保溫效果很好，就像壁爐一樣。考古發現，早在六、七千年前，中國北方就使用這種炕，如今農村仍很普遍。我敢保證全家人在炕上都能睡得很香！

夏天就另外找地方搭臨時灶台，挪去冬天的厚褥子，炕上鋪薄布墊、草席或竹席，睡在上面很涼快。小孩子睡午覺時，老人坐在炕上休息，或打毛衣、摘豆角、做衣服、做鞋。如今也有很多人坐在炕上看電視。靠牆的另一頭放個矮櫃。少先隊員戴的兩條紅領巾掛在前面的椅子上。屋簷下掛著幾棵已經曬乾的白菜。

這個友善的小女人徑直走向門邊的陶瓷大水缸，打了一壺水，然後放進屋子中間微微燃燒的四

條腿煤球爐子裡。水燒開後，她把熱水倒進一個邊緣已經碰壞的白瓷碗裡遞給我。

「喝吧，你需要喝點熱水。」她友善地說。

牆上掛著一張毛的畫像。她發現我在看毛的畫像，趕緊說：

「不是我買的，是我的孩子們。」聽起來她好像在避嫌，不過我可能想錯了。

她說她的男人正在田裡幹活。她自己有病。她輕輕拍了拍自己的胸部、腹部，微笑了一下，好像不相信這病還能治好。

我趁機問她紫羅蘭和其他植物為什麼不香？她回答，若五、六月份雨下得多，偶爾可能會有香味，若直到七月才下雨，花就凋謝了。

她問我是從什麼地方來的，為什麼小心翼翼地往前走，還輕輕地拖著美麗的長髮，問我為什麼長成這個模樣。我盡力向她說明，我來自一個很遠的國度，那裡很多人的頭髮都跟我一樣。她搖了搖頭，但仍接受我的解釋。她說，她只到過北京城內兩次。我向她介紹瑞典是一個怎麼樣的國家，但她無法理解。

當我要走時，她謹慎地從嘴裡擠出一個問題，問我能不能給她幾尺布票，因為她想補一條褲子。但是我只能照實說，我是外國留學生，沒有布票。當我需要布票時，我必須向校領導說明用途後才能領到。她立即接受了我的解釋。然後我們告別，我繼續趕路。

沿著小路走，邊想著那些可食用的野菜和失去香味的紫羅蘭，我更明白我對於中國人生活的真實情況所知無幾。我每天都在無意間學到一些新東西，對周圍日常生活中發生的一切愈來愈感興趣，當然是不露聲色。

後來有一天我感到身體有點不舒服，可能是感冒了，一位中國朋友立即告訴我應該吃什麼。

「你現在必須多吃點寒性的東西，」她說，「這些東西屬於生冷之物。」

「是什麼東西？為什麼？」

「啊，比如黃瓜，黃瓜在夜裡長。白天一公釐也不會長，但是夜裡嘎巴嘎巴地長。河蝦和海蝦也不錯。它們在夜裡生長，在泥土裡或漆黑的海裡，那些地方都寒。發燒時一定要吃這類東西。有些人得不停地吃寒性的東西身體才舒服，另一些人要吃溫熱性的東西，有光有熱的東西。因人而異。」

「你要學會這個。」她滿懷期望地說。

注釋：

1. —— 原文寫一六三六年，本處依《農政全書》出版年份改。

長城
庆祝五一

斷壁殘垣的防禦工程

在北京北面四、五十公里的地方，一條貫穿東西的山脈切斷了華北平原。山脈北邊是海拔一千公尺的蒙古高原，延伸到蒙古草原和無際的沙漠地帶，自古以來，這條山脈就成了南面的中華帝國與高原上蒙古游牧民族的邊界。自明朝開始就建有一段重要的長城，為新首都北京防禦來自北方的侵擾。

春季一個陽光燦爛但寒冷的星期天，我和其他幾位外國留學生乘坐搖搖晃晃的郊區火車去逛八達嶺，下車步行幾公里後費力地爬上一條山上小路，最後來到長城。除了八達嶺懸崖峭壁上新修整過、高高的烽火台之外，整個城牆只剩斷壁殘垣、滿目瘡痍。很多城牆上的磚已經被拆走，中間夯過的泥土坍塌凹陷，大段的雉堞蕩然無存。朝南看，我們腳下有很多為防蒙古人進犯而建造的軍事

防禦工程遺址，各類型的城牆分布在走向不同的山上。

今日的長城已被美化和修整，過去的軍事設施成了某種休閒之地，有旅館、飯店、展覽館、紀念品店和其他商業場所。遊人如潮，熙熙攘攘，旅遊旺季時，纜車每小時可運送三千人次。

但一九六一年春天的那個星期天，那裡只有我們幾個人，四周靜靜的，只有凜冽的北風沿著石牆吹過來，穿過依然存在的垛口，當年士兵站在那裡守衛前線，警戒北方可怕的入侵者。我們來到第一座烽火台，坐在最高處一個陽光明媚的角落裡避風，打開食物袋，聽到北風從頭頂呼嘯而過，內心深處感到春天的太陽格外溫暖。懷著幸運又忐忑不安的心情，彷彿歷史就近在咫尺。

極目北看，灰色天空下有個藍色的湖泊，和幾座覆蓋積雪的山脈，我想起了位於蘇蒙邊界，蒙方一側名為蘇赫巴托爾的火車站，車站對面就是沙漠和草原。站裡有位海關官員，高個子，長得很帥氣。他請我填一張表，但表上只有蒙文和俄文。我無奈地朝四周看了看，不知所措。

「我可以幫你翻譯，」他用溫和語調講起法語，整個手續辦得很順利。這節車廂將隨這趟火車進入蒙古，我本來想換些錢，以便能在餐車上吃飯。但瑞典克朗不在海關可兌換目錄表上，我帶的英鎊也不行，就可兌換幣種而言，它們太新了。

我面有難色，心想這下子慘了，這兩天要餓肚子。這位友善的男人立即邀請我到車站附近一家小餐館去吃飯。我謝絕了。但他那麼真誠自然，盛情難卻，我只得勉強同意。我剛一坐下，一個熱氣騰騰、盛滿新鮮洋蔥絲和大塊肥羊肉的碗就放在我眼前，純正鮮美，但我感到很不安。火車已晚了半個小時，若我錯過上車時間，還得再等一個星期才有火車。

「不要著急，」那位友善的海關官員說，「你來得及！安心吃飯！我發出信號火車才能繼續開行。」

就這樣我們又在那裡坐著交談許久。他問我要到哪裡去，為什麼。我問他在哪裡學的法語。

「我自學的，」他用法語說，「兩年前開始的。我借用詞典翻譯了大仲馬的《三劍客》，這本書不知是誰忘在車站上的。不過我很少有機會聽別人講法語，能遇到你非常開心！」

我們坐在那裡談論阿多斯、波爾托斯和阿拉密斯如何成功上路去尋求自由的故事和很多其他的事情。我們談得那麼真誠坦率！這是蒙古人嗎？我朝飯店四周看了看。自豪的婦女穿著配有銀鈕扣的綢緞面皮衣，頭戴美麗絲巾。他們真的是幾千年來中國人的宿敵嗎？

北京古琴研究會

古琴研究會

三七九一

崇尚中國文化

認識古琴研究會的十幾位學者和古琴音樂家，完全改變了我對中國的態度。三千多年以來，古琴是中國文化精英人士生活的中心。在並不真正理解其美妙的情況下，無論在中國人還是西方人裡，我有幸成為學習演奏古琴的唯一學生，一待就是兩年。懷著驚奇和感激之情，我才明白，在北大帶有政治控制、僵死的官僚主義和壓迫的嚴酷現實之外，古老的中國文化仍有著濃厚的底蘊，儘管遭到強烈懷疑，但仍然存活。

在周恩來總理的支持下，古琴研究會於一九五二年開始建立，兩年後正式運轉。它位於北京市西城區護國寺街的一個四合院，環境優雅安靜，離後海不遠，有正常運作的經費保障。建立古琴研究會的目的，是調查收集散落在全國各地寺廟、道觀和私人手中的古琴典籍，進而整理彙集出版，

古琴研究會外面的街道

並把所有著名曲譜譯成現代譜。這些曲子都形成於公元七世紀前後。但誰也想不到一九六六年爆發的文化大革命永遠斷送了這項舉世無雙的工程。

在古琴研究會工作的那批學者和音樂家，有著淵博的中國文化知識。他們敬業、激情、友善、對典籍的精心研究，和盡力挽救幾千年文化遺產中珍稀資料的精神深深感動了我，我也充滿激情要像他們那樣生活和工作。

他們是我遇過最博學的知識份子。不管問什麼，他們都能回答，詩詞歌賦、瓷器、哲學、建築學、音樂，還是養蘭技巧，無所不能。沒有一句時下政治局勢的廢話，從來不講政治空話和口號。在古琴研究會的歲月裡，我對中國文化產生了深深的崇尚之情，儘管當時並不知道，但這段經歷對我後來的生活有著決定性的意義。

研究會的星期天音樂會

朝護國寺街開的大門平時關著，但院內所有的房門都是開著的，各個房間裡的人毫不鬆懈地努力工作。我的老師叫王迪，我們在一個大屋子裡上課，在窗子旁，隔著琴面對面坐著。她使用一台八世紀的紅色優質古琴，我使用的是從古琴研究會借的十一世紀的古琴。在隔壁工作的溥雪齋，是古琴演奏家兼畫家，也是建立古琴研究會的倡導者之一。他和藹可親，是末代皇帝溥儀的表親，有人說是表弟。在遠處的一個房間裡，我聽見身兼學者、古琴和笛子演奏家的查阜西，正和精力充沛的古琴演奏家吳京略，實驗性演奏一段剛整理好的曲子。管平湖是書法家、畫家，和二十世紀最傑出的古琴演奏家，他的辦公室就在我們旁邊。

王迪三十歲時，被廣播裡管平湖演奏的曲子深深感動，她找到管平湖拜他為師。從此他們密切合作，直到一九六七年管平湖去世。她接手這份遺產繼續發揚光大。一九六一年春天，我到古琴研究會找一位老師幫助我時，我完全不知道「拜師」這個一定要遵循的中國傳統禮儀。

古琴研究會的房子破爛不堪，但大家用很簡單的辦法，把各個小房間弄得溫馨舒適。坑坑窪窪的牆壁用柔軟的白宣紙糊上，掛上竹簾畫和美麗的書法。很多作品出於

管平湖

管平湖和溥雪齋之手。管平湖的父親曾是宮廷畫師，他和溥雪齋都受過專業書法教育，但後來他們的興趣轉向古琴。擺滿書的書架，鋪著玻璃板的寫字台，黑木雕花椅子，管平湖辦公室窗邊還有一把很講究的太師椅。

房子間的小院在夏天裡鬱鬱蔥蔥，長滿高大的向日葵和爬牆虎，形成綠色屏障，遮擋直接照射屋頂和窗子的火熱陽光。大家還在窗子外掛上薄草席遮擋太陽，外面再蒙上一層濕濕的薄紗，水分蒸發也可以減少室內的酷熱。

當冬天寒氣從室內地磚升起時，我們把所有窗子打開，想把太陽的溫暖盡可能放進來。上課太冷時，只好把冰涼的手放到火爐上去烤。那是一種半公尺高、帶腿的鐵桶爐子，絕大多數北京市民都在上面做飯。自家做的煤餅火很弱，一燒就過。爐子上常放一個燒著開水的水壺，讓我們沏茶。我們經常站在那裡聊天，不僅談論古琴音樂，也談論過去的生活、家庭、朋友、衣服和女人們的一些瑣事，如染不染指甲等。

王迪總是活潑風趣，常有一些戲劇性舉動。有一天她令人意想不到的描述起各種不同的古琴，方法有些隨意。比如彈撥琴弦的不同方法，她還畫圖講解。

她說：「琴的形狀多種多樣，但實際上只有三種供人使用，有著完全不同的特點和音調。有一種像老頭，硬朗深沉。可以任意彈撥它，不會出雜音。彈這種琴時，手要果斷繃緊，不可以兒戲鬆弛。很多古琴曲要使用這種樂器，啊，《廣陵散》或者《流水》則另當別論。」

「另一種琴像個毛頭小夥子，」我們站在火爐旁邊笑了起來，「這種人嘴上無毛，辦事不牢，缺乏讓人喜歡的經驗，只會裝腔作勢亂彈一通，沒什麼真本事。」

「第三種琴像個女人，有時候像個姑娘，走路款款，說話低聲細語，真像小腳女人。這種琴只能演奏柔美動聽的曲子。是一種非常好的樂器，但過於悲涼，聽了讓人無法快樂起來。不過他們不會傷害誰或惹誰生氣。」

「還有一類琴，無論如何不能用！有些很死板，就像給一張飯桌裝上琴弦。」

◆

我五歲開始彈鋼琴，確切地說是彈方形大鋼琴，它是鋼琴的前身。我的父母總想讓我學些東西，但直到我上學後，他們才給了我一台一八六〇年的方形大鋼琴，它陪伴我很多年。我的老師是巴拉諾夫斯基先生，曾在聖彼德堡交響樂團擔任鋼琴演奏，三〇年代初與在同個交響樂團擔任小提琴手的妻子離開蘇聯，一起在我的故鄉城市隆德落腳發展，創辦了一所規模很小的音樂學校。

我喜歡上他的課，喜歡彈鋼琴，我們定期為父母和兄弟姐妹舉行小型音樂會。他的教學方法古老過時，但效果極佳，每周都認真嚴格。我至今仍保留幾個黃色的小本子，上面有巴拉諾夫斯基先生課後寫的評語，哪些掌握得不錯，哪些則必須多練習。「塞西莉亞需要多練 g 小調，」上面有這類對我的點評，我當時六歲。

後來我們家搬到斯德哥爾摩，繼續每週上一次鋼琴課，但二十歲左右，我對鋼琴愈來愈反感。當時老師正教我練習彈貝多芬的奏鳴曲和其他曲子，其中當然有很多異常動聽的選段，但整體而言過於陽剛有力，不和我的胃口。除了開始成功演奏文藝復興式、帶有二十根琴弦、聲音明亮的魯特琴，我同時還在德國和義大利留學，發現簡潔含蓄和輕快的音樂更適合我。

在古琴研究會有與維也納古典主義派蘊含的磅礴氣勢相反的風格，更不用說史特拉汶斯基、普羅高菲夫和蕭士塔高維奇了，與很多鋼琴家華麗的要求相反（這方面應該首推阿圖爾·魯本斯坦因），我年復一年聽斯德哥爾摩交響樂協會舉辦的交響音樂會，有十年時間我每星期三都會買票去聽。技巧嫺熟、音準完美，表現力是那麼強、那麼富有感染力。

我在古琴研究會遇到的音樂總是那麼柔和與富有感染力，激情、嚴肅和親切，但更像是兩位親密的朋友在交談或互訴衷腸。沒有音樂廳轟動的場面，但絲弦醉人的顫音直入我心。學這種樂器異常困難，但愈深入研究，愈是趣味無窮。這不正是我苦苦追求的嗎！有小型花圃的四合院，溫暖的光線透過美麗木製窗櫺，和那些傑出人物，構成了我生活中最偉大的經歷之一。

我最喜歡的一首曲子是一六三四年創作的《平沙落雁》。我練習了很長時間才開始學會彈它。最初，王迪和我曾經花好幾周時間擺弄一首半現代化、表面淺顯而微不足道的沒有靈魂的曲子，我有些不情願。有那麼多非常動聽和正經八百的曲子不學而偏偏費時費力練習這樣一首曲子似乎得不償失。我把這個想法告訴了我的老師並提到我聽過管平湖演奏過的幾首曲子，但是王迪沒有任何反應。幾天以後她提起了我自己獨自練習過的那首描寫大雁的曲子。

「這是我自己最喜歡的曲子之一，」她臉上帶著一絲微笑說，「通常學生要在第三年或第四年才讓他們彈這類曲子。你現在為什麼特別喜歡它？」

我盡力向她解釋，我對歐洲古典音樂的深刻體驗，特別是對文藝復興式魯特琴曲目印象最深，儘管作品各有特色，但與古琴有異曲同工之妙。她明白了，後來我們只演奏她自己最關注的作品。

《平沙落雁》這首曲子開始時靜靜的。秋高氣爽，萬里無雲，遠處隱約有一群「人」字形大雁朝這裡飛來。大雁飛近，最後從藍天降落在河邊平坦的沙灘上。成年雁一隻隻落下，搧動沉重的翅膀，隨後

我和我的老師王迪

年輕的小雁笨拙而緩慢地落下，牠們邁著寬大的腳掌走在沙灘上，岸邊的蘆葦沙沙作響。

那個人看著牠們，見景生情，彈起古琴，抒發天人合一的情懷，美不勝收。大雁是本能的象徵，知道時間、氣候，知道何時走何時留。

大雁能知天空的高低、光線明暗的變化，知道何時休息何時飛。那個人看到大雁消失在遠方群山、地平線上，只留下大雁搧動翅膀的餘聲。

由於家庭因素，兩年後我戀戀不捨地離開中國。覺得自己剛對中國文化和音樂入門，有那麼多東西可以去學習和熟悉，但有時生活是無法選擇的。若當時我能預知從一九七三年起，每年都可以回中國一次或幾次，心情會輕鬆很多。一九七八年

考試

我又與古琴研究會取得聯繫，我的老師王迪在文革下放農村後又返回了北京。

在我首次回國前，古琴研究會安排了一次考試，我在北京二十多位古琴專家面前演奏了《良宵》、《平沙落雁》和《欸乃》，這是我跟王迪學習的二十四首古琴曲中的三首。我異常認真地向他們展示我對這些年的珍視，以及他們如何教會我熱愛古琴。這些受邀的專家仔細觀察我的指法，隨後面帶笑容地評論說，一看就知道我是王迪和管平湖的高足。

◆

一九七三年首次返回中國時，我無法找到王迪。古琴研究會已經不在護國寺街舊址，古琴專家和他們搜集的各種文獻在一九六六年文革爆發後下落不明。我年復一年、煞費苦心地與那些可能知道其下落的機構和個人聯繫，但一無所獲。一九七八年秋天那次為時較長的訪問，我最終去了中央音樂學院，那裡理應有人知道此事。

門衛不讓我進入嚴格控制的地區，我向他解釋，我曾是這裡的留學生，但無濟於事。不過，當我解釋了事情原委後，他讓我走進他的小屋，請我坐在床上，從火爐上的水壺裡倒開水沏茶給我喝。時間一小時一小時過去。只要可能知道王迪和古琴研究會下落的人進出大門，我就衝出去問。大家都搖頭說一無所知。但傍晚來了一位年紀稍大的人知道一些消息，他返回樓內取來地址，還有一張小紙條，上面寫了電話號碼。

就這樣我總算與王迪和她的家庭重逢，我們的親密關係又恢復了。我得以見到她的兩個女兒鄧瑩和鄧紅，如今她們已長大成人，鄧紅已經開始學習古琴。我們互訴這十六年裡的一切。王迪說，她在四年間被下放農村多次，每年只有幾天時間可以見到家人。她的丈夫訴說如何在家照看女兒和同樣被下放到農村的古琴研究會同事家中無人看管的孩子們。我則說了我在亞洲和一九六七年至六八年在拉丁美洲的旅行、我的中文教學情況、我的電視節目、出版的書和已有兩個孩子等等。

此後我們每年都見一兩次面，並有頻繁的書信往來。

在此期間我正忙於創作《漢字的故事》，一九八九年該書付梓後，我立即著手創作《古琴》一書。工作中經常陷入困境，主要是文言文，特別是十五世紀以來的詞句，裡面有很多指法的介紹，一七五一年的《穎陽琴譜》就有一百三十一種指法，右手四十二種，左手八十九種，還有很多直接影響曲子的音色、韻律、音調的其他文獻。這些文獻都是用文言文寫的，詞彙量大，但每當我卡住時，王迪都給了我寶貴的支援，在我工作的很多年裡都是這樣。

二〇〇五年春天我多次給王迪寫信，但都沒有回音。不過我並不擔心，以為她大概到台灣或日本舉辦音樂會去了。同年四月二十六日來到中國時，我立即打電話去她家，她的丈夫接了電話，但立即哭了起來，傷心得無法說話。我知道出了大事。過了一會，王迪的大女兒鄧瑩打來電話，說她母親病入膏肓，正躺在中日友好醫院的病床上。我問能否去看她，她答說不能，王迪生病的消息不想讓任何人知道。我只得坐下來傷心流淚。但隨後電話又響了，還是鄧瑩，她說，無論如何我可以去看望王迪。

我以為最多也就是會面幾分鐘，誰知竟有足足兩個小時。後來王迪就再也沒力氣了。告別時我遺憾地表示，隔天不得不返回瑞典，暫時不能再來看她。因為我的嫂嫂卡琳突然來電說，曾與我多年一起彈文藝復興式魯特琴的哥哥約翰，隨時可能離開人世，他被診斷出癌症已經有一段時間。我和王迪告別，總算及時趕回瑞典，在哥哥去世前與他見了一面。後來大約是五月初的某個日子，我得知王迪也離世了，正是在《古琴》一書出版的前一年。

幾年前我和王迪一直在談論，當《古琴》出版時，一定邀請她到瑞典來，這部作品對我們兩個都是很有意義的事。到時候她彈古琴，我講解古琴及其曲目。很遺憾此事未能如願。我們兩人誰也沒想到，她的小女兒鄧紅、我和一位極為出色的簫演奏家陳莎莎，於二〇〇七年到二〇一一年，在瑞典作了三次漫長的巡迴演出。共演出四十多場，每場兩個小時，場場爆滿。我想，王迪若知我們繼承和發揚她的事業，必會含笑九泉。

◆

一九六〇年初僅有少量的古琴唱片，其中有出自管平湖之手的《流水》和《廣陵散》，灌在七十八轉黑膠唱片上。管平湖和王迪建議我想辦法借一台錄音機，這樣就可以錄下古琴研究會為我演奏的各種曲子。「若你手頭沒有曲子，你怎麼繼續練習演奏呢？」管平湖說。

很遺憾古琴研究會沒有錄音機，中央音樂學院也沒有，我只得找別人借。但問遍當時在北京所有西方國家大使館的工作人員，沒有人有。

我只得委託一位香港朋友買一台帶麥克風的根德牌錄音機寄到北京。那是當時最好的錄音設備，價錢很貴，體積很大，像個現代烤爐。我用它錄製古琴專家們親自為我選定的必要曲目，以便將來能繼續古琴的演奏。

我們在北京古琴研究會的封閉房間錄音，我千方百計調好音色，只有一個麥克風，調試非常難，只能盡力而為。通常，當大家使用各自的樂器，聲音大小高低各不相同時，各樂器得要「定音」，但古琴音樂無法做到。一些曲子要演奏得瘋狂、急切、深沉，另一些則要平靜婉轉。錄音間不太理想，但我們盡了最大努力，我

把錄音帶完好無損地帶回瑞典。回國後我為瑞典電台作了一些節目，討論中國古琴和古琴音樂，我知道這盤錄音帶有了歸宿。

《古琴》一書在二〇〇六年出版時，我認為必須要附一張音樂光碟，內容是我一九六二年錄音的古琴曲。但幾十年前我已與當時的丈夫分手，儘管仍然住在原本的房子裡，但東西搬來搬去，已找不到那盤錄音帶，不得不花錢買幾首古琴曲版權用在光碟上。

兩年前，我在完全意想不到的一個地方找到了那盤老錄音帶。第一個想法就是，拿出來聽聽當年錄製的曲目。但我想得先打電話給技術指導卡普里賽唱片公司的卡普里賽，不久前，他才幫我製

王迪手寫的錄音帶目錄

作了三張古琴音樂光碟。當我興致勃勃地告訴他我的發現時，他沒有說話，然後用堅定的口氣說：

「你無論如何不能在錄音機上放，那樣上面錄製的東西就全毀了。請你過來，我把它放到一種爐子裡。」

三天後他來電說，帶子上的東西得救了。爐子裡的溫度使錄音帶上的曲目複製到塑帶上。

「效果非常好。你想讓我幫你編配嗎？」

事情就定下來了。在隨後半年裡，我們一個音階接一個音階、一個聲調接一個聲調調整，為發行做好一切準備。這是一次絕妙的錄製。透過這次整理，我們對於古琴演奏者有了更多的了解。有幾位是同輩人中的大師，當年都在古琴研究會工作，光碟中的二十二首曲子裡，有十首是絕版曲子，從未在其他地方發表。我衷心希望這些曲目將來能為所有古琴音樂愛好者帶來快樂。

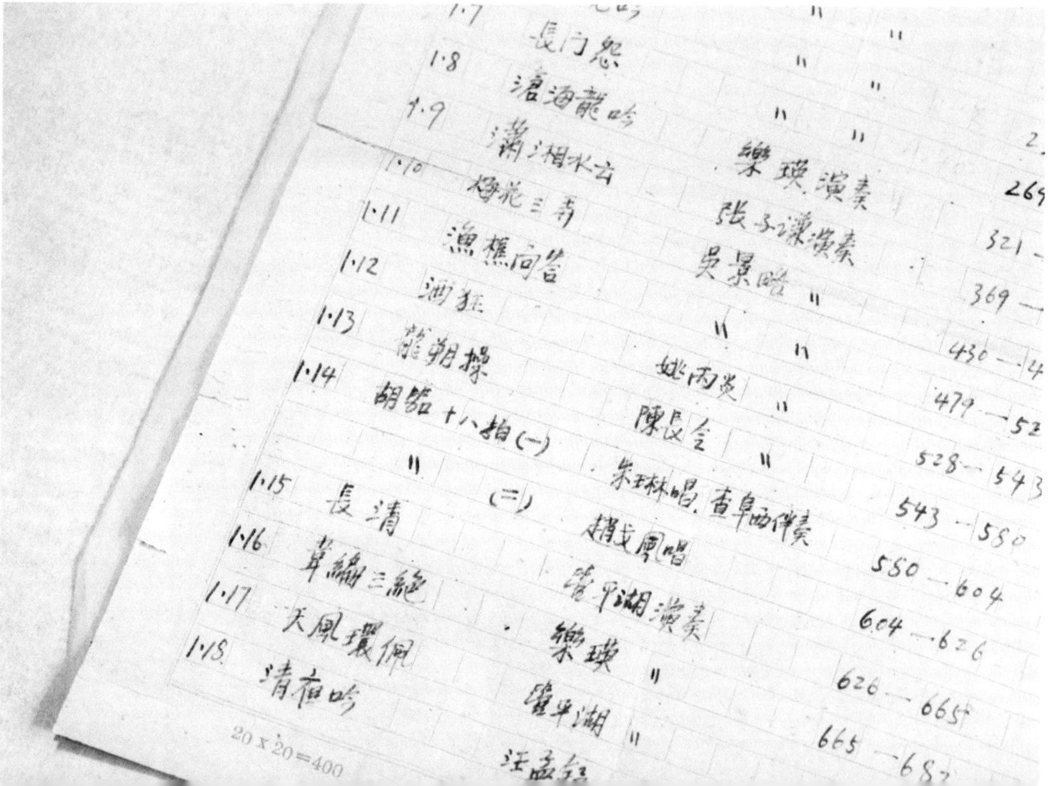

故宮與北海公園

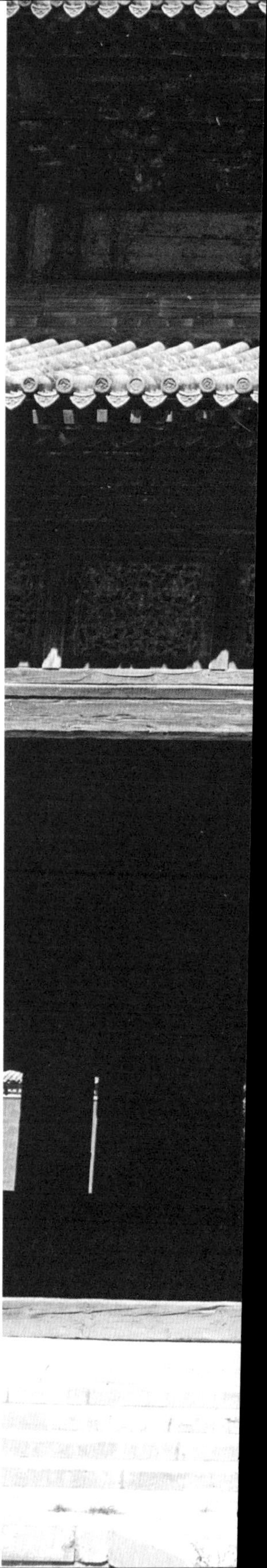

空曠的大殿與寂靜的綠洲

北京故宮如今是世界上最著名的旅遊地之一，也是除長城外，無與倫比的中國名勝古跡。旅遊旺季時，每天遊人成千上萬，也由於人太多，為了安全與順暢，參觀者只能從南大門進從北大門出。

我首次到北京時，故宮荒涼寂靜。當國家陷入深刻危機，且與舊社會相關的一切都被打上問號時，北京市民哪有閒情逸致去博物館參觀呢？在巨大的宮殿和御花園裡，我唯一遇到的是手拿資料夾在各個建築物間走動的工作人員、在不同建築物幹活的修繕工人，和一群群身著民族服裝的少數民族，他們是臨時來首都參訪，對參觀路線不太熟悉。

幾十年後，旅遊者才蜂擁而至。當年常住北京的外國人只有幾百人，主要是為數不多的外國使館人員。他們來到北京後必不可少地要參觀故宮，對宏偉豪華的宮殿驚歎不已，不過很少有人再來

少年厅

一回。構成各種文化活動的臨時展覽還未開始。在清靜黑暗的大殿裡，展台落滿灰塵，沒有照明設備，多數展品沒有必要的說明。

故宮裡近千個殿堂，僅限於坐落在中軸線上的大殿保存完好，離那裡愈遠的建築破損得愈嚴重。斷壁殘垣處處可見，屋頂上長出半公尺高的雜草和小樹。

不過若知道想要找什麼，故宮可以提供整個中國歷史上數不盡的奇珍異寶。不論對哪個領域感興趣，都可如願以償：青銅器、瓷器、書畫、經典文學、科學著作和珍品，例如末代皇太后收藏的各式鐘錶。

我那時對中國瓷器著了迷，早在瑞典就閱讀很多各朝代瓷器特點的書，如飢似渴地研究斯德哥爾摩東方博物館裡收藏的各類藏品。到北京後，在位於北海西邊文津街上的中國國家圖書館辦了借書證，又從「倫敦書箱」訂了更多關於瓷器的文獻資料。我在北京學習很多知識：唐宋瓷器的單色、素雅；明朝瓷器的造型、瓷釉的厚度、光澤，以及因顏料產地不同，會使藍色有深淺變化。

從其他作品中，我終於得到中國畫裡的哲學背景、以及表現在畫中的天人合一的解釋。我也不明白的中國畫使用的技巧，有其完全不同於我們的透視原理。我拿著書一連幾個小時在多個大廳裡觀察學習，如飢似渴地吸收一切知識。

有次來了一位參觀者，他直奔自己特別感興趣的展廳，站在那裡好久，只為琢磨瓷器的造型、瓷釉和圖案。但我們並未交談，各自忙著觀察學習。

古琴研究會的老師們知識淵博，我經常向他們請教。有些問題與音樂無關，若他們無法回答，例如短暫的順治時期（一六四四至一六六一年）的瓷器，就會想辦法安排我去拜訪故宮的瓷器專家。很多問題就是這麼解決的。

我被邀請到瓷器收藏部去見主任孫先生，這位矮個子的單薄男人很友善地接待我，詳細熱情地回答我提出的一大堆問題。過了一會，他作了個手勢，兩個人抬來用繩子綁好的一個大箱子，放在桌子旁。他把裡面的東西一件件拿出來，打開包裝給我看，讓我辨認它們。我們談論各種圖案的含義、瓷釉、出現在明青花瓷器上的黑點，無所不包！房間很涼，但談話氣氛熱烈活躍。他神祕一笑，又從箱子裡取出兩個完全相同的藍白盤子。我們討論樣式、裝飾物，他請我判斷它們出自哪個時期，我回答康熙，他滿意地點了點頭。

「其中一個盤子是原物，另一個是仿品，」他說，「你認為哪一個是原物、哪一個是仿品？」我仔細琢磨好久，但最後不得不說我不知道。

這時他請我閉上眼睛，把一個盤子放在我手裡，讓我說出手指對盤底圈足的感受，我照辦了。隨後他拿回盤子，讓我再閉上眼，把另一個盤子放在我手裡，再請我說出有何不同。太不可思議了！表面上看不出兩個盤子有何區別，但是底部不同！我仍然閉著眼睛，說出我手指的感受，他才拿回盤子，我睜開了眼睛。

他告訴我，其中一個盤子的圈足是平的，另一個則不平。根據圈足可以判定，其中一個盤子確實來自清康熙年間，而另一個則是後來仿的。製作方法不同，圈足產生了差異。

我有幾個有關清初順治時期的特殊問題。英國一些作家認為，這個時期並沒有燒製出新的、獨有的瓷器，僅僅仿製了明朝的瓷器。但我在瓷器展廳卻看到一個獨一無二的黃色盤子，我問孫先生是怎麼回事。他露出驚奇的微笑說：「實際上這個時期只有這麼一件孤品，就是這個黃盤子。很遺憾，我只知道這麼多。」

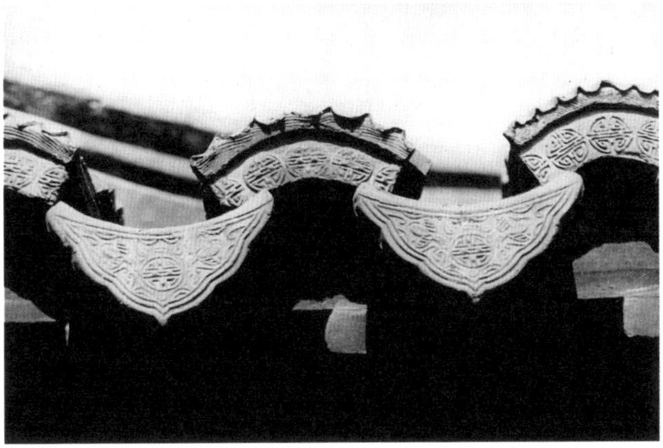

◆

如同接觸瓷器一般，接觸書法是我另一次偉大的經歷，只是我沒有書法的背景知識。我只知道書法不僅是人與人交流的實用工具，更是有幾千年歷史的一種藝術形式，但從不知道它有那麼大的藝術魅力，讓我驚歎不已。時輕時重、筆走龍蛇、變化萬千，但萬變不離其宗，讀者一看就知道它們表達的意思。

我認識到，我永遠無法成為優秀的書法家。練習書法要從童年開始，而我到中國時已經二十八歲，要真正掌握好筆力和靈感，已經太晚了。此外我還是個左撇子。儘管如此，我還是想探究中國書法的本源、想親自感受書法，特別是要能理解我所能看到的書法作品。

我從中國朋友那裡得知，有位最傑出的中國書法鑑賞收藏家，曾是北京大學的美學教授。我開始打聽他的消息。我發現他仍住在北大舊校區一處美麗的教授別墅裡，有寬大前廊、窗子上糊著道林紙。

有天我鼓足勇氣來到他的住處，向他解釋說我對書法很感興趣，不知道他能否為我上書法課，或幫助我找位書法老師。

屋子裡放滿書架、書櫥和漆黑的家具，牆上掛著大型書法作品。這位老教授對於我這個不速之客明顯感到緊張，不過他說瑞典皇太子幾十年前曾拜訪過他。他還聽說過，斯德哥爾摩有個很出色的東方博物館。他說他父親是位著名書法家，他年輕時常為父親研墨、放鎮尺。但我們沒有再深談。一位表情嚴肅的人走進房間，明顯是某種監視人員。他解釋說，個人無法做主，一切要聽從上級安排。我就這樣結束這次造訪，轉身回家。

我與小楊談起這件事，她是我在留學生辦公室的連絡人，我請她幫我，但看樣子沒希望。因為我自己已與這位教授聯繫，留學生辦公室不好再插手，此外，據她說，他們並不知道這個人是誰。當我說出他的名字和住所樓號時，得到的回答是：在反右派運動中他被調離教學崗位。她說他的知識已不再有什麼用處，不過他還住在原住所，因他有重要的社會影響。

秋季的某天，我去參觀故宮裡的書法展覽，仔細把中國書法與去年夏天我在日本各家展覽館看到的日本書法兩相比較。我突然看到一個頭戴無沿帽、身著藍色衣服的人走過來。好熟悉的面孔，有鬍子，三個門牙已經掉了，他竭力用手捂著嘴，眼睛周圍緊繃的皺紋，是那位美學教授！我們的目光有瞬間相遇，但他很快把視線移開，我們沒有互相問候。我圍著他轉了幾圈，最後也避開了。我本想作罷，不過又看了幾個展櫃，看到他走過來，我們倆在展廳裡轉呀轉呀，最後來到同一個展櫃前面，但一人一邊，誰也沒有看誰。

後來他突然走到我這邊來。

「對不起，」我說，「我無法判斷這兩幅作品哪一幅更優秀。您覺得呢？」就這樣我們談起了書法，其中一幅清剛健骨，但略顯拘謹，另一幅則雄放奇渾，但不鬆散。過了一會，我小心翼翼地問，他是否記得我去年夏天曾拜訪過他，當時我想找能幫我更理解書法的人。我說真難找啊。他朝我迅速看了一眼。

「對，一切都是那麼……有組織的，」他說，「一切都要由組織安排。不過若你願意的話，可以星期六或星期天來。你不就住在北大嗎？最好是下午。」

談話剛結束他就走了，只是點一點頭，匆忙奔向另一個展廳。他趁沒有監視人員的身影時走了，走為上策。

我在隨後的星期日嘗試了一次，但這位老人對於我的拜訪顯然感到恐懼，很遺憾，已經不可能繼續與他接觸。

◆

故宮北面有北海、中海和南海，周圍的公園和地區是休閒的好去處。這三個修長、美麗的人造湖，由美麗的孔橋相連，周圍環繞豪華的宮府和水榭亭台，是盛夏避暑乘涼的好地方。那裡有很多彎彎曲曲的卵石小道，可讓人坐在幽美的陰涼處讓時間慢慢流逝。

茶館裡高大的屋簷下涼爽宜人，清風拂面，竹椅輕巧舒適。綠茶三毛錢兩杯，與朋友靜靜交談，可能還可以要一塊芝麻點心，再來一塊棗泥糕也好，再多可能就不必要了。好啦，晚些時候可能還有樂器演奏。我們還要不失時機地租一條小船，划船離岸遠去，就我們倆。

過一會酷熱消退，還能在高大的古老屋簷下練一下太極拳。

冬天同樣美好，三個海都結了冰。夏末時雨停了，直到下個夏天的雨季來臨前，有個短暫的宜人時期。不過從北方沙漠吹來沙塵暴的日子是例外，遮天蔽日，令人討厭。但一般來說總是陽光燦爛，很適合滑冰或者在冰上悠閒散步，或靠在擋風的牆根下安靜地曬曬太陽也不錯。令人驚歎的還有在空中飄動、五顏六色的風箏，放風箏的人站在冰面上不斷調整手中的線，以掌控風箏的姿態。

岸邊有幾個人在鑿冰，他們把冰塊窖藏起來，以備來年夏季出售。放眼西看，西山的輪廓映照在藍天下，這樣的景象逐年減少，因為北京的環境汙染愈來愈嚴重。

北京的冬天很乾燥，大地一片枯黃，沒有一滴雨雪，甚至連空中都沒有帶水氣的雲。乾燥、乾燥，左等右等就是沒有雨雪，乾得連人的頭髮都帶電豎起來了，好像腦袋周圍的一片雲，嘴唇乾裂。偶爾下點少得可憐的雪，既不會給人帶來喜悅，也不給人帶來麻煩。即使有幸下了比較大的雪，也保留不了幾個小時，立即會有人把雪收拾起來，放到樹底下或地上，讓它們發揮更大的作用。

夜晚是美妙的。城市本身很安靜，但冬季很特別。乾燥的空氣帶來很多聲音。遠處的一扇門被風吹得咚的一聲關上了。不時傳來一陣笑聲。不過一般說來很安靜。天高雲淡，月朗星稀。月光下，屋頂和樹木看來就像覆著潔白的雪。能聽到紅牆外面駱駝在漫步行走、騾馬和毛驢奔向早市時發出的細碎蹄聲。

座播音节目
音乐欣赏
今日播音节目
音乐欣赏

城牆內的北京

公私合營東安門食堂

商業大街與胡同

一六四四年滿人入關奪取政權後，北京被分成兩部分，都有城牆，高約十至十五公尺，北城建有九座門，南城有七座。道路把北城城門間的地區分成條狀，裡面有低矮的居住區、供人和手推車走的胡同。城牆外建有寬大的護城河。北城是皇室、國家新的掌權者、滿人的居住區，而其他人則擠在南城。

王府井大街，是二十世紀前半葉北城最繁華的商業大街。一九四四年以前這裡曾被稱作莫里遜大街，是根據澳大利亞人、《倫敦泰晤士報》常住北京記者喬治・E・莫里遜的名字命名的。那裡和被隔開的各個街區，也是很多外國使館和科學研究機構的所在地。但一九四九年共產黨奪取政權後，這條街的國際性質完全改變了，與外國列強有關的一切都被禁止。

在東安門大街的晚餐

首次來到中國時，這著名古老大街的破敗景象令我十分震驚。建築物正面的牆皮脫落，很多窗子用薄木板釘死，人行道坑坑窪窪。再怎麼說，這是中國首都的中心，離故宮只有兩個街區。

但新建五層高的北京百貨拔地而起，與這個無望的破敗景象形成對比，似乎有意挑戰不得高於皇宮建築的老規矩。一位中國朋友信誓旦旦地說，很多北京市民認為，中國所以遭災，是因為建這座高樓的報應。街道兩邊低矮的房子是各種專賣店，茶葉店、服裝店、紙張文具店、中藥店、眼鏡店、絲綢呢布店、鞋帽皮貨店、乾鮮果品和名酒店，應有盡有，如果你有錢和所需的票證都能在那裡買到東西。還有一家賣皮鞋的商店，當時手工製皮鞋還是很普遍，那可是高檔消費品！每次商店一進貨，大家就在外面排起長隊，眼巴巴地等著買自己需要或想要的商品，不管是什麼，買上就行。但常遇到店裡的人說「沒有了」或「賣完了」。

王府井大街南口有一家很大的書店，主要供應馬列主義經典著作和被允許的俄羅斯革命的經典文學作品，我們對這些書不感興趣。但有一道美麗的風景，很多人坐在那裡看很久的書，看呀看呀，沒有人干預。當中有多少人買書不得而知，不過有那麼多人願意讀書還是很令人鼓舞。在幾家品種比較齊全的古玩店裡，擺放著貴重的玉器、象牙製品和景泰藍，最著名的一家叫馬可．波羅，但價錢遠超過我的經濟能力，我很少光顧。

王府井大街南口還有一家照相館，我經常到那裡沖洗6×6黑白照片。不過為了保險起見，貴重的底片我還是拿到香港去沖洗。北京照相館通常擺放著中國領導人的大幅照片，至今沒變。

一家全國馳名、名為「怡和興」的工藝品商店是我最喜歡去的地方之一。那裡有編織品、誘人的陶瓷和美麗的繡花桌布。我常走進那家店，但不是為了買東西，而是出於好奇，看看那裡進進出出的人。我從未見過類似的面孔，那些少數民族代表團參觀完故宮後常到這裡來。高大健壯的蒙古漢子，刀削般的長眼皮底下，有著閃閃發亮的黑眼睛；來自沙漠的活潑維吾爾人留著捲曲的鬍鬚；西藏人就

皮鞋修理店在畫新廣告

更別提啦，因為習慣了喜馬拉雅山開闊的空間和自由自在的生活，他們的動作豪邁有力；中國西南邊陲山區的婦女，肢體柔軟，婀娜多姿；西北沙漠地區的婦女喜歡花披肩和引人注目的長耳環，大大的黑眼睛，筆直的腰身，敢搶座位、敢大聲歡笑和推一推自己的男人。我從未見過漢族婦女有這般舉動，可能她們自古就是這樣，至少在眾人面前不會這樣做。漢族婦女可能會嚴厲責罵自己的丈夫，但我從未見過她們像少數民族婦女那樣親暱地推一下自己的男人。

不管官方怎麼宣傳男女平等，儒家傳統思想仍用宗法沉重的大手緊緊束縛她們。幾千年來，她們被教育要溫柔賢慧、相夫教子，不要在公眾場合拋頭露面，這個世界屬於男人。但新的時代到了，很多婦女積極投身革命，新中國成立不久政府就頒布法律，號召婦女根據自己的意願選用姓名，不再依附自己

的丈夫和兒子，什麼「老王妻子」或「小王母親」這類稱呼。

不久前發生的「文化大革命」，讓一切陷入混亂，就男女性別角色而言，卻有了較好的變化。「女人能幹！」、「婦女能頂半邊天！」等口號響徹全國。後來有段時間社會出現了變化。如今就兩性角色而言，文革的豪言壯語似乎出了漏洞。不過這是另一個故事。

王府井大街南口、北口和很多其他的地方都有寄車處，一對小木片中的一片是寄車的憑證，上有黑墨水寫的號碼，另一片由看車人掛在車把上保存。自行車是當時的貴重物，所有自行車都有車牌，就像汽車牌照。自行車不能亂放，要放到有人看管的地方。停放汽車反而沒有規定，當時汽車很少，而且都是給政府機關和達官貴人配備的，想停哪就停哪。

絕大多數商品都是嚴格限購的，從食用油到日常工業用品，買什麼東西都要用一定數量的購物券。對於低收入者來說，不知得排幾年的號才能買一輛自行車，有上海產的「鳳凰牌」和天津產的「飛鴿牌」。與高層官僚機構有關係的人可走後門，不過有這種資源的人不多。

僅僅過了十至十五年，中國就成了全世界為人稱道的自行車王國，所有的人上下班都騎自行車。直到一九八〇年代仍禁止汽車使用大燈，據說大燈的光線會干擾騎車人的視線！但如今騎車的人已經很少，自行車道幾乎都消失讓位給汽車了，造成極大的環境汙染，嚴重損害健康。

六〇年代初王府井大街的交通主要靠無軌電車，雜訊很小、很平靜。但缺點是與電網相連的電線杆常脫鉤，多半發生在十字路口，這時司機要跳下車把電線杆歸位。這種情況經常耽誤了時間。王府井大街自行車川流不息，也有接送孩子上學的三輪車，和行駛在各部委之間、接送高官的黑色大轎車。東華門有露天裁縫攤、茶攤和各種風味小吃攤，名為協和的那家大醫院就坐落在東邊不遠處。

坐公共汽車要排長隊，大家都耐心地在車站等。但當公車來了，或確切地說輪船靠岸了，就會秩序大亂，大家爭先恐後地往車上擠，全然不顧有人要下車。「下，下，下，我下車。」有人高聲喊著。但大家都想上車，想下車的人被夾住。最後總算下去了，確切地說是被拋下去的。兩位售票員站在外面用力把人往車裡推，還一個勁地喊往裡走。汽車總算又開動了，她們自己卻懸在車外，在兩扇門間掙扎。售票員的工作是北京最艱苦的

工作之一，從事這項工作的還多是年輕女性。

那麼多人肆無忌憚地擠來擠去，有時候我真有點發怵。不顧一切往上擠，我實在做不到。我知道他們對我沒有惡意，有時候甚至給我讓座，因為我是外國人。但是這種無序的擁擠讓我覺得處在一個漩渦裡，悶得沒法呼吸，很不適應。車內強烈的大蒜味、髒衣服味和身上的汗腥味則更加難以忍受。自始至終我都擔心我的千年古琴被擠壞。

很多公共汽車使用天然氣，汽車頂上拖一個鼓鼓囊囊的大袋子，部分汽車使用汽油。在絕大多數紅燈前面要熄火，停靠車站時也要熄火，或純粹是司機想節省汽油而讓乘客擠在車上等。然後司機發動引擎、哐噹換檔，汽車搖搖晃晃前行，車廂裡滿是汽油味。

計程車也用類似方法。司機先開到最高檔，然後關上油門，讓車靠慣性向前行駛，車快停下時重新踩油門，但不換檔，汽車吼叫一聲又跑起來。我在全世界任何地方從未見過這樣糟蹋引擎，不管是開公車的還是開計程車的。開汽車當時還是一件新鮮事，司機沒有受過正規培訓，不過他們仍然在開車。

公車有時在一些站要停很久。下車時一定要出示車票。車票只有 2×2 公分大，行進中有很多人把票沾在下嘴唇上。若有人不能出示車票而非要下車，常會發生爭吵。若乘車人來不及跑掉，售票員就會下車，有時候司機也會下車。乘車人站著爭辯說，他已買了票，只是掉了。其他人會把頭從窗子伸出去看問題怎麼解決，大街上也有很多人會立即圍過來看熱鬧。結果總是以丟票人補買車票了結，他站在人群中氣得臉紅脖子粗，憤怒地看著遠去的公車。

東華門大街十九號有一家友誼商店，專供常住北京的各國外交官和臨時到中國參訪的高級貴賓購買服裝，特別是美觀的皮貨和其他商品，以皮圍巾和無沿帽最受歡迎。持特供證的中國高官也可以在那裡買東西、訂做服裝，那裡的品質和品種都比一般商店的東西好。他們在與外國同僚接觸時，衣著得顯得講究些。

但平時大家儘量要顯得無產階級化。穿破舊、帶補丁的衣服，不想擺闊，就像西方一部分出身富裕的年輕人刻意穿最破的牛仔褲一樣。有時候你會看到在土裡土氣、打著補丁的大衣下面，露出花色漂亮的上衣或高檔麝鼠皮做的襯裡，公開露富是不可想像的。

有一位朋友說，他的父親對兒子寒酸的防寒大衣深感不安，主動要給他買一件像樣能保暖的大衣。但他斷然拒絕，寧願穿著打著幾個大補丁的舊大衣受凍。在大學裡只能這樣。

◆

東華門大街二十五號，經過門衛後，二樓有一個小型菜市場，中國的達官貴人和外國大使家的廚師每天早晨都到那裡買菜。廚師們要用上好食材為他們工作的家庭烹製可口的飯菜。他們得早點去，不然就買不到當天供應的魚、肉和新鮮的蔬菜。外國留學生也被允許到那裡買東西，可口的糕點、白蘭地、罐頭和水果都讓我們眼饞。初到北京那兩年，我饞死了，這輩子從不知道糖有那麼好吃。

接送兒童去幼稚園和學校的三輪車

華春食品商店
國營

我懷著喜悅的心情回想位於王府井北街的東安市場，有六百家小商鋪，從樂器、針頭線腦到各種紙花，要什麼有什麼。那裡還有一個小劇場，整天上演鄉土氣息很重的京味小調，和用北京話說的相聲。我只能聽懂大概意思，因為我還不夠了解普通家庭遇到的問題，和他們用逗哏、打哈哈來打發日子的習慣。不過聽到所有的觀眾哄堂大笑讓我久久難忘。

那裡還有清真飯莊「東來順」，冬天可以吃涮羊肉（要有足夠的錢和肉票），自己把毫米薄的羊肉片、白菜、粉絲放到燒著木炭的蒙古火鍋裡，一兩分鐘就好了，再沾上碗裡的各種佐料，香菜、芝麻醬、醋、辣椒油、豆瓣醬和醬油。通常還要吃糖蒜和芝麻燒餅。有幾個包廂，中間放一張供五、六人用餐的大圓桌，但大家更喜歡在隔開的小房子裡吃，牆上有優雅木雕，各個房間都有門簾，三五好友自成一群，享受美味佳餚，還能聽到其他客人快樂進餐的聲音，真是兩全其美！

金魚胡同附近的北口內，靠左邊有一家舊書店，我找到好幾部重要的古漢語和地理方面的著作，至今仍不時使用，其中有法國傳教士顧賽芬編著的《中國古漢語詞典》（一九一一）。詞典後面貼著一張小紙條，上面寫著價錢：三十五元，相當一位普通工人一個月工資。當國家正在走向崩潰時，誰還會對古漢語感興趣？

朝北過幾個街區就是東四北大街，隆福寺就在附近，那裡有東四人民市場。它比東安市場小得多，也比較簡陋，是一九四九年後才建立的。主要銷售日常用品，經常有舊貨，還有一個代銷部。貨架上擺滿老舊的電話、戰前的電器、破皮箱子、鏡子、家具和製作西餐的廚具，這景象不免使人產生一種鄉愁，它們是一九四九年以前，外國人在這座城市留下的痕跡。

天剛一黑，所有商店和市場就關門，飯店七點鐘關門。天黑前大家都急急忙忙往家裡趕。下午五點街上就沉靜下來，所有商店都關了燈。

◆

一旦離開王府井大街，後面的住宅區就能看到一種陰鬱的景象。那裡談不上什麼水泥或柏油路面的人行道，都是被踩踏結實的土路。灰色低矮的平房櫛比鱗次，四周有高高的圍牆，每個住宅區都有自己的牆。街道很窄，只夠人行或小推車過，很多是死胡同，就像走進迷宮。過路人經常問：「通不通呀？」得到的回答經常是：「不通。」大部分房屋年久失修、破舊不堪，很多大門歪七扭八或乾脆用木板釘死，窗前護欄鏽跡斑斑。特別是冬季沒有枝葉茂密的爬牆植物覆蓋屋頂時，呈現一種令人心酸的凋敝景象。夏季時，用舊花盆和舊罐頭種植香菜和大蒜，冬天時把它們編成一辮一辮掛在屋簷下。牆上經常晾著大白菜，有時候自家製作掛麵。也能看到一個竹籠裡養了一隻或幾隻母雞，雞蛋可是稀罕物，更別說想吃肉！

發海味

到處堆放著灶灰或其他垃圾，很多人，包括小孩，在那裡撿煤核。他們光著手或者用一個帶兩齒的小鉤子扒拉出還沒完全燒透的煤渣、廢紙，凡是能燒的都要。有些人還用自己做的嬰兒車，車上掛一個籃子，他們推著這種混合車沿街到處走。

有回搭公車，旁邊坐著位小女孩，看樣子也就八、九歲，還帶著自己的妹妹，妹妹看起來是那麼小，好像還穿著開襠褲。我看到了小女孩的雙手，真像一位老農的手，又黑又粗糙，上面裂著口子，乾而皺縮的皮膚上留下很多傷疤。指甲脫落。她緊緊地抱住胸前的零錢包，從裡面拿錢為自己和妹妹買車票。

我看看放在膝蓋上自己的雙手，想起了另一次搭公車的情景。當時是乘車去西山，旁邊坐著位農婦，她帶著自己剛出生的孩子，孩子前額點著一個紅點。她拉住我的手看了半天，又伸出自己的手，最後問我的手為什麼這麼白。我半真半假地說，我是音樂家。我以為她會信以為真，但她只是搖頭，繼續看我的手。我在中國不止一次遇到這種情況，我猛然意識到，有著優越條件的瑞典人屬於金字塔的頂端，我們的生活條件大大超過一般人，不論大使或普通大學生都是如此。

後來我到琉璃廠去取李文新為我刻的印章。他是優秀的篆刻家和書法家，在那裡有自己的店鋪。我還需要買一盒印油，其實我早已經相中了一款，淺藍色、扁平樣式，底下標有朝代，還有腿，標注的時間為十七世紀。來自哪朝哪代對我來說意義不大，只要漂亮好看就行，問題是我能不能買。我手拿印盒站在那裡問年輕的助手張先生。當這小夥子向李先生請示我的問題時，我看見他直搖頭。因為定為文物的東西不能賣給外國人帶到國外去。

沒別的辦法。張先生又讓我看了幾件其他顏色的印油盒子，我猶豫不定。不過我們隨後聊起來，他問我在中國做什麼。我說我在古琴研究會跟王迪學習古琴。這時候李先生一邊聽一邊走過來，問我學得怎麼樣，學會了哪些曲子等等。我們聊了很久，十分有趣。後來他走進屋子裡，拿出兩小件美麗的書法，上面寫著李白的詩，已經裱糊好，四周有淺綠色緞邊。送給我，後又回到他的桌子旁，我聽到他從裡面對助手說：「她可以買下那個印油盒。」終於我如願以償。

絕大多數街道和房屋狀況都很差，但在住宅區破舊的大門裡，有時會有好運氣。在故宮和三海周圍很不起眼的小胡同裡，可能會在平靜的綠洲裡看到美麗的窗櫺、月亮門和百花爭豔：大麗花、夾竹桃和百合。一個微型道觀帶有假山、寶塔和廟宇。僅僅數平方公尺的美景和寧靜。我認識中國作家葉君健，後來我們成了朋友。他家裡有一個玫瑰園。他在一九四〇年代的大部分時間裡在劍橋大學留學，那裡的玫瑰園令他終生難忘。回國後他住在一個位於北海西邊、有圍牆的院子裡，離古琴研究會不遠，他想再現劍橋那種美景，他成功了。但好景不常，他無法再享受這些美景。只剩下為數不多的玫瑰園受到富有的中國人、特別是外國人的青睞。

住宅區的路是為住宅配套的。房子狹窄黑暗，絕大部分家庭住一居室，每個房間只有一個白熾燈泡，這是被允許的配置數量。因為沒有地下管線，刮大風時常斷電。冬季潮濕陰冷，供給的煤有限，室內溫度不可能很高。大家用黏土和煤末混合曬乾做成煤餅。用的時候小心把煤餅放到爐子裡，用木柴或廢紙點燃。儘管煤餅發出的熱能有限，但是夠做簡單的飯菜和燒開水沏茶。

大街上，陽光下的一切顯得更輕鬆些。大家在大搪瓷盆裡洗衣服，在外面做飯，孩子在旁邊玩，鞋匠擺上檯子和修鞋工具，賣大碗茶的免費提供小板凳，幾分錢就能買一碗綠茶。磨刀的、鋸碗[1]的走街串巷，為居民磨刀、鋸鍋鋸碗。鋸瓷器不是用膠黏而是用鋸子，看起來不怎麼美觀，但很實用。各種手藝人走街串巷高聲吆喝，還搖動鐵褡褳，走一會停一會，等顧客，看呀，大門開了，顧客來了，磨一把菜刀或鋸一個碗。

嚴重的自然災害導致失業率極高，當局無法給所有失業者找到工作，因此重新放鬆過去制定的各種限制。其中一個重要原因是劉少奇和彭德懷對大躍進的批評。使得市場經濟行為得到某種允許，至少有幾年是如此。

酷暑來臨時，家裡很熱，很多家庭躲到街上去，等到後半夜涼快一點再回去。家庭生活的情景路人一目了然。男人們穿一條短褲躺在自家繩子編的床上，一邊抽菸一邊搧扇子，或者坐在簡便、透風的折疊竹椅上。女人們燒飯，孩子們寫作業或玩耍，很多孩子一絲不掛或者圍個布片遮住私處。

空氣一天比一天悶熱潮濕，有時連火柴都劃不著，只得在燈泡附近烤一會。按農曆算，小暑在七月第一週，大暑晚三週。到月底才能涼快。

居民區有很多面朝街的小飯館，只有幾張桌子和幾把椅子，相當簡陋，但是調料很足，味道不錯。特別是從一九六二年秋天開始，食物供應開始好轉。從大鍋裡撈出新煮的熱氣騰騰的麵條，放進有蔥、香菜和醬油等佐料的碗裡。但桌子上狼藉可怕。大家把魚刺和雞骨頭直接吐到桌上或地上，

吃的時候發出稀哩呼嚕和吧嗒吧嗒的聲音。狗和貓在地上走來走去尋找殘渣吃。

我很難適應這種情況。還有隨地吐痰，先是一陣咳嗽，然後用力一咳，一大口痰吐在街上，吐痰的人還用鞋底一撚。反對隨地吐痰的運動已經開始，各個公共場所都擺放了搪瓷痰盂，但很多人不熟悉，照樣我行我素。

擤鼻涕的習慣我也很難適應。一捏鼻子一使勁，所有的東西都飄落在街上。然後把手在褲子上擦一擦。

擦鼻涕用手絹被認為不衛生，把黏著大鼻涕的手絹裝在口袋裡？肯定有害健康！

◆

我有時候走著走著會突然聽到直接從宇宙傳來的天籟之聲！一種十二音調音樂從屋頂一閃而過，與普通中國音樂沒有任何相似之處的空靈樂聲，更像德國的電子音樂和序列音樂作曲家施托克豪森，和奧地利無調音樂作曲家貝爾格的音樂。樂聲轉瞬即逝。

有天在朝陽區聽到這種聲音時，我停下了腳步。我看到不遠處一位稍微上了年紀的人也停步朝空中看，但什麼也看

不到，我湊過去。

「對不起，我能問一下嗎？您知道那是什麼音樂？」

「音樂？不是，那是信鴿！他們每天早晨和下午把牠們從籠子裡放出來活動健身。」

就在這個時候一大群鴿子又從我們頭頂飛過，轉了一個大彎後，又向另一個方向飛去，牠們灰白的羽毛閃閃發亮，就像魚躍時魚鱗閃光一樣，風馳電掣般飛走，只留下清澈悅耳的音樂聲。

「不過這是什麼聲音？」我說，「是音樂？」

「啊，對，」他說，「這很簡單。我們通常在鴿子的翅膀裝上鴿哨，鴿子一飛就發出聲音，滿北京城都能聽到。這可是老傳統啦。簡簡單單就能讓生活過得有滋有味！」

「不過，」他繼續說，「如今餵食是個問題，什麼都定量供應。過去的鴿群比現在多得多了。」

他歎了口氣。

為逃避北大的壓抑氣氛，每個星期六我和幾位朋友都要到市中心去。搭公車一般要花近兩個小時，到動物園還要轉一次車。不過也值得。位於王府井南口附近的北京飯店緊靠長安街，也有人叫它北京飯店舊樓或北京大飯店，在北京名氣最大。官方代表團被指定住在那裡，外交官和應中國政府邀請來的外國政要和客人也住在那裡。一九一五年建成的壯麗舊樓，一九六〇年代依然存在，對於我們這些外國留學生和其他暫住北京一兩年的人來說，這裡是個自由天地，是北京為數不多能招待我們的地點之一。

粮食供应店

北京市真鄉
橡胶轮胎厰

北京飯店裡有很多不錯的餐廳。其中有一個專供魯菜的大餐廳，不過那裡只招待中國人和外國代表團。另有一個川菜的小餐廳，辣味很重，正是我喜歡吃的。吃了幾星期北大食堂的粗茶淡飯後，到這裡點上幾個菜飽餐一頓真是開心極了。記得當年總是飢餓難忍，有回我們的飯菜端上來後，在準備開吃時，我大哭起來，如果不那麼艱辛該多好啊！但艱辛依舊。吃完飯後，我們到前門外的小劇場看京劇。

京劇當時還是一種充滿生機的民間劇種，各個劇場上演幾百年累積起來的許多劇碼。不過起碼要知道「作功」，即形體語言、不同流派的手勢、身段的含義：現在我要走出去；我很絕望；生氣了；得意洋洋等。真是大開眼界。鑼鼓喧天、聲調高亢。啊，實際上他們使用聲帶，不像我們的歌手使用腹腔。絕無僅有！

劇場裡座無虛席，觀眾熟悉劇情也會唱詞，台上台下融為一體，觀眾高興地小聲跟著唱，名角出場大家便高聲喝彩，不過武打時鴉雀無聲。將帥搖動旌旗和寶劍，兵卒，也就是把子手，魚貫上場。觀眾進進出出，大人和孩子要到外面透透氣，然後興高采烈地回來，也沒人說三道四。幾乎所有男人都抽菸、大聲喧譁、嗑瓜子，把皮直接吐在地上。在整個演出過程中，演員唱、念、做、打，我們在台下的觀眾也像演員般不停地忙活著。

初到北大時，每年春節官方都要在人民大會堂舉行一次招待會，招待駐華使節，外國留學生也在應邀之列，當時我們的人很少。周恩來總理繞場一周，向他們敬酒祝賀春節，也問問我們的學習情況。然後我們被安排到能坐四、五個人的小桌上。我要坐的那張桌子旁，已有位細皮嫩肉的老先生，兩隻白嫩的手，還有另外兩個年輕人。我們慢慢開始交談起來。老先生問我們的生活狀況，我講了講北大的情形，近似中世紀的大學，還講了我和來自不同國家的朋友每星期六坐公車到北京飯店的四川餐廳飽餐一頓，然後看京劇等。

老先生驚奇地看著我，問我看過哪些劇碼。我把我記得的數了一遍：《白蛇傳》、《貴妃醉酒》、《秋江》、《打漁殺家》，還繪聲繪色地描述了那種絕妙的藝術形式，從音樂、唱腔、服飾、古老的故事、整個劇場的氣氛，和聚精會神的觀眾聽到著名唱段小聲跟著唱等情景。

我讚歎那些演員，提了幾個名字，並補充說我經常去看梅蘭芳演出，那麼出色優美的身段任何女人都比不上，特別是甜美的嗓音。老先生笑了起來，高興地朝四周看了看，指著自己的鼻子說：「我就是梅蘭芳！他們倆是我的孩子。」他邊說邊指了指桌子旁的兩個人，並把他們介紹給我。「你欣賞我的藝術，我聽了很高興！」

大家肯定知道我當時有多麼驚奇！臉和手上長著雀斑的這位富態老頭兒，竟能塑造出那麼多婀娜多姿的女人！我們在小桌子邊熱烈討論起他塑造的各種不同的人物：《貴妃醉酒》裡的楊貴妃、年輕的趙燕蓉裝病逃避不滿意的婚姻、漁家女桂英報復地頭蛇。對我來說，如此近距離接觸中國最傑出的京劇藝術家之一，並與之談論他的藝術真是千載難逢。僅僅幾個月後，即一九六一年八月，報紙上登出消息，梅蘭芳去世，年僅六十七歲。

◆

北京飯店西邊有個街區正好在那道紅牆裡頭，南邊就是故宮區，在南河沿岸與南池子間有條胡同叫官豆腐坊，一邊是一片低矮平房，夏天時，房上爬滿攀緣植物；另一邊是散發著臭味的菖蒲河，正對著北京飯店的舊樓，那裡有一棟傳統風格的舊房子，雕樑畫棟、紅油漆雙層大門，那就是歐美同學會。

我老遠就看見很多人從歐美同學會進進出出。他們穿的衣服與其他人沒什麼區別，但其言行舉止、甚至臉上的表情，都清楚地表明他們在國外生活過。我們走路碰面時，都會心地點一點頭，但

梅蘭芳演的《霸王別姬》劇照。情節是項羽被漢軍包圍，四面楚歌，虞姬為其舞劍後自刎，項羽投江自殺。

我從未跟他們當中任何一位說過話。

隨著時間的流逝，我也漸漸能夠認出哪些人是基督教徒，起碼曾與傳教士或教會密切接觸過。還有些其他跡象，他們的臉色和表情明顯帶有這類烙印。多年來我一直思考，是什麼東西會產生這種變化？由於長期與中國社會接觸，我身上也產生了很大的變化。可能有一天會揭開「謎底」，儘管我自己沒有絲毫感覺。

◆

中國人一眼就能看出我是外國人，有些人把我看成冤大頭。有一個星期六晚上，我乘開往動物園的公車、再從動物園轉車去北大。車開到王府井時，上來一位衣著講究、頭戴皮帽、圍條漂亮圍巾的年輕人，立即坐在我旁邊。他用一種自造的肢體語言向我解釋什麼。當他驚奇地發現我會講中文時，就直截了當地向我提出要求，讓我給他買衣服，一件好大衣和一條保暖的褲子。每天上課的時候太冷了，看呀，他是北大的學生！「哪兒的事呀。」我用中文回答。

瞎話簍子，滿不是那麼回事。他沒有佩戴北京大學白搪瓷底紅字的校徽，所有北大學生都要佩戴。看他的樣子有三十多歲，很少中國學生是這個年齡，他們最多二十五歲。一切都對不上。當我告訴他我自己就在北大學中文時，他立即溜走了，很快消失在旁邊一條小路上。

驚奇，確切地說是恐懼。每次穿過王府井附近和北城其他地區密密麻麻的小街小巷，往南走很短一段路，看見長安街和天安門廣場時都有這種感覺。長安街是凱旋大道，平坦寬闊，它攔腰一刀把北京一分為二。天安門廣場荒涼可怕，據說能容納一百萬人，在王府井西邊幾百公尺處，長安街和它都建於一九五〇年代，意在顯示國家的強勢地位。對此我一直不以為然。

這條街和這個廣場平時顯得很冷清，有時會有車身很長的豪華轎車通過，那是蘇聯的吉姆車和國產的紅旗車，拉著窗簾或裝有毛玻璃，常有響著警笛的警車護衛，從西邊不遠處的中南海政府辦公廳進進出出。偶爾也有斯柯達和伏爾加牌計程車、無軌電車或頂上拖著一個大天然氣包的公車經過。白天有身著白色警服的交通警察，站在十字路口指揮台上，用很誇張的動作疏導大型機動車。

夜裡的街景全變了。大量的人力車、驢和騾子拉的大車奔向市區的各個市場。我在北京的第二年，住在紅牆裡面，那牆構成南北城的分界線，夜裡我經常想起公元前十一世紀的情景，那裡曾經是遠道貿易中心，蒙古人、高麗人、山東半島各小國人，及華北平原上的漢人在這裡做生意。我永遠忘不了夜裡聽到的駝隊鈴聲，牠們邁著大步輕輕地踩在地上，就像踩在裝滿麩皮的枕頭上。

我最喜歡參觀新開放、宏偉的中國歷史博物館，它位於天安門廣場東邊，正對人大會堂。不過說容易，要得到允許就難了。留學生辦公室的周先生解釋說，「很難安排」，必須要得到批准，先要與文化部聯繫，等消息吧。我在留學生辦公室的連絡人小楊聽到消息眼睛立即亮了起來，她想跟著我一起去，給我當翻譯。過去她嘗試過幾次都沒有成功，這次機會來了。

要等一段時間。一個月後我們得到批准。小楊請求帶她父親、一位歷史系的老教授一起去，但沒有成功。

沿大廳牆邊、燈光昏暗的展台上擺著石斧、陶片、鎬頭、鏟子，與瑞典很多展覽館裡相同時代的展品差不多。還有一些重要發明的小型複製品，如印刷術、火藥、指南針以及農耕領域的進步，水利灌溉、養蠶織布，但大部分是文獻資料。地圖、運河、戰場，重要歷史著作的複製品、名人碑文的拓片。小楊以從未有過的激情為我翻譯。也陳列一些近幾十年重要考古發現，有唐代的陶器、騎在駱駝上的三彩樂俑和舞俑，都是一九五七年在西安的一座古墓裡發現的。

最讓我感興趣的是，幾件三千年前、神奇的祭祀用青銅禮器，上面飾有龍和其他神獸，是一九三九年在商代最後一個國都安陽考古發掘中發現的，用於祭祀祖先。其中一件是通體綠色的司母戊鼎，是世界上最大的青銅器，重八百七十五公斤。

那裡還有出自同一個城市的幾片甲骨片。在牛骨和龜甲上，中國最古老的文字用小刀從上至下、一行一行刻在上面，商王以甲骨文與逝去的祖先溝通，占卜各種國家大事，狩獵、天氣、疾病、死亡。這些甲骨文是中國最早用文字記載的歷史文獻。

我過去從未見過實物，只在高本漢教授斯德哥爾摩課上的黑板上看過，他向我們解釋漢字的結構。不過最引人注目的是，中國歷史博物館裡展出的甲骨上的文字很多都與高本漢當時寫的、和我們在北大學的幾乎一樣，儘管相隔了三千五百年。

當時絲毫沒有意識到，幾年後我會從事漢字的研究工作，研究漢字產生的背景、起源，前後竟有十五年之久。我永遠忘不了首次近距離看到甲骨文的情景，我與它們只隔一層薄薄的玻璃。

我們國家的歷史展覽把年代劃分為舊石器時期、新石器時期、青銅器時期和鐵器時期等。在中國則不同，展覽完全遵循馬克思主義歷史觀描述，這是我在瑞典上歷史課從未聽說過的。我首次遇到，歷史不是真實地介紹過去，還可能是一種權力手段，可以控制過去、也能決定現在和未來。

歷史博物館裡的介紹，是依政府和共產黨的古為今用的方式，表述其意識形態。階級鬥爭是中心主題，貫穿每個細節，原始社會、氏族社會、奴隸社會和奴隸主對奴隸的壓迫，以及奴隸們千方百計擺脫壓迫的鬥爭，一連串不停的起義，幾千年來都是如此，直到幸福的今天，也就是一九四九年十月一日毛主席在天安門上宣布解放，中華人民共和國成立。

這使我想起了編入北大教科書裡的很多典型政治詞語裡的一句：「永遠不能忘記階級鬥爭！」若半夜三更叫醒我，我在瞌睡中也能說出其他幾條類似的詞語。

這個歷史材料的構建，與我在瑞典所熟悉的完全不同，讓我驚奇又有趣。從小學到大學，我已習慣把瑞典歷史看做國王們的歷史，總是把他們對國家的貢獻看得很高：古斯塔夫·瓦薩為國父，古斯塔夫二世·阿道夫為英雄國王，卡爾十二世為征戰國王，古斯塔夫三世為迷人國王。不以國王為中心，而以奴隸、農村苦力和工人來表述歷史，對我而言是種獨特的經歷。

這種描述到底有多少真實性呢？我們自己的描述是否合理？參觀後，這個問題久久懸掛在我心裡。

歷史博物館的隔壁是中國革命博物館，那裡有自甲午戰爭（一八三九至一八四三年）以來反映中國歷史發展的大量資料，經過一九一九年的「五四」運動、中國共產黨成立直到中華人民共和國誕生。這裡的史料絕大多數是真實的，儘管也有些戲劇性現象，使歷史過程變得更生動和一目了然。

在中國幾千年巨大的歷史變革中，總是由新朝代書寫前朝的歷史，他們總是寫有利於自己的內容，以證明改朝換代的合理性。這種現象發生過，且仍繼續發生在歷史博物館中。歷史博物館與革命博物館在二〇一一年合併為中國國家博物館。

自一九五八年開館以來，隨著政治上很多戲劇性變化，照片的說明依共產黨的要求有過多次變動，以便能通過官方檢查。

◆

再往南，天安門廣場的盡頭，那裡就是前門。這個門曾是進入北京正門的前門，進入正門的參觀者要接受檢查，像在機場安檢一樣。到了前門一帶使人覺得又回到了昔日的熱鬧與繁榮。令人吃驚的是，南城的氣氛比北城更充滿生機與活力。那裡有一個比行政中心更大的商業和娛樂市場。蹬三輪車的一邊開朗行進，一邊攬客；姑娘推著自己造的小車不分春夏秋冬賣冰棒；狹窄的街道上滿是人力車、自行車、川流不息的顧客，和進進出出玩耍的小孩子，很像歐洲中世紀的街道，有各種漂亮標誌的櫥窗把臨街的房子點綴得五彩繽紛。

為數不多的幾個街區裡就有十家劇場和影院，還有很多小商店，只有幾平方公尺，在那裡可以買到手工繪製的蘭花油紙雨傘、小腳繡花鞋、手工梳子。還有一些老字號，有五百多年歷史的六必居[2]，賣著幾百種醬菜，醬黃瓜、醬蘿蔔和其他我從未聽說過的醬菜。

我從沒見過像大柵欄的瑞蚨祥，和珠寶市大街上的謙祥益那樣的商店，離前門大街只有幾步之遙，賣著獨一無二的絲綢和錦緞。在京期間，我在那裡買布自己縫製了好幾套漂亮的連衣裙。我也從來沒見過像同仁堂那般的中藥鋪，十七世紀它負責為皇家衛生保健提供藥品。藥鋪裡靠牆擺著幾個大櫃子，格子裡裝著幾千種中草藥。滿屋都是各種草藥味和稀有的配料味，熏得人沒法呼吸。

同仁堂旁的一個小巷裡，有人偷偷地掛出了三十幾位各國美女複製照片，有火辣辣的西班牙女郎彈著吉他、有表情憂鬱、半側身、長髮飄散的年輕女人、另一位女

人長著細長的脖子、憂傷的大眼睛，包著頭巾。不分年齡，路過的男人都停下腳步十分陶醉地看著這些異國美人。當時，即六〇年代初，中國的男人和女人都穿同樣藍色衣服，一切帶有性色彩的東西都被禁止，因此這些照片格外引人注目。此類照片在巷子深處的一個漆黑的門裡有售。那位西班牙女郎的編號是八號。

再往西走一兩個街區就是古玩長街琉璃廠，那裡有上百家商店，賣瓷器、書畫、青銅器和木雕等。當年的幾家舊書店仍在，我曾在那找到很多舊版古樂譜和其他書籍，多年來一直使用。

◆

前門東邊一兩公里處、正對天壇西門，坐落著北京最熱鬧的天橋，也是我最喜歡去的地方之一。

十五世紀時，那裡只是個露天古玩市場，但幾百年間逐漸出現一些小吃攤，特

別是有了一大片席棚，讓藝人演雜耍、變戲法、舞拳弄棒和說書賣唱，各顯神通。還有拉洋片的、耍木偶的，是中國獨特演藝形式中的兩種。不過曾有過的窯子已經絕跡，一九四九年後賣淫被視為嚴重的刑事犯罪。

假日天橋人山人海。大家走走停停，從一個席棚到另一個席棚，盡情尋歡取樂。有些席棚進去要買一兩毛錢的門票，有的不要門票，表演看完給賞錢，由表演者或者他們的孩子拿一個小籃子繞場一周，觀眾在籃子裡扔錢，給多少隨意，有的則把硬幣拋到地上。

後來他們當中的絕大多數人被編入大型演出院團，在國內外巡迴演出。他們的藝術源於分散在中國各地的獨特流派。但是直到一九六〇年代仍然有一些個體戶，經常是父母與孩子同台在天橋演出，獨自在原始環境下堅持自己的藝術活動。

有個地方掛了塊紅布，後面鑼鼓喧天，我走進去，一塊平地周圍擺上兩排薄木板凳子，頂棚下的一個格子裡坐著樂隊。一個七、八歲，梳著兩條長辮子的小女孩，在別人的幫助下抬進來一張

桌子。他們找了很久才找到一塊平坦的地方把桌子放下，免得桌子搖晃，隨後她脫掉棉襖，在地上鋪一塊破紅布，表明節目要開始了。她拿出六個帶花的盤子，把它們放在長竿子上轉，每隻手拿三

個。自始至終有音樂助興。她平靜的轉來轉去，盤子在長竿子上轉個不停，隨後她兩條腿前後劈開而坐，頭朝下，翻了個複雜的筋斗，盤子繼續旋轉，她跳到桌子上，又跳到兩個啤酒瓶子支著腿的椅子上和一個球上！然後她走上一個檯子，用嘴叼來一個放在桌子上的瓷碗，朝前俯下身，把碗放在前面，直起身子又沉下去，彎著腰把盤子一個個地

取下來。她獲得稀疏的掌聲，不管節目多麼好，在當時的中國獲得掌聲是很少見的。這位女孩穿上棉襖，跑到站在街上的同伴那裡去了。我陶醉了，無言地站在那裡。不過我真擔心，她的身體承受得住嗎？

站在門口招攬觀眾的人舉起那塊紅布，表示節目結束了，新的節目就要開始了。樂隊又敲鑼打鼓吸引觀眾看下個節目演出，我看到一個頭髮蓬亂的小女孩，大概有好幾年沒洗過臉、沒梳過頭。在別人的幫助下抬進一張桌子。她看起來有七歲，也許更大一些。中國人的年齡我總是猜錯，年輕的看起來總是顯得老，年老的總是顯得年輕。隨著手部的優美動作，她開始表演。走下檯子，把頭伸到兩腿之間，把脊椎緊貼在脖頸後面，臉頰對著地面，胳膊在胸前交叉，腳心貼在頭上。得到輕輕的掌聲。這個節目耗時一刻鐘，有刺耳的音樂伴奏，只有少數時候她的頭、身軀和其他身體部位處於正常位置。表演完了以後，她搬走桌子，跑出去了。

隔壁是一位年紀稍大的女士在表演踩鋼絲，她裝著閃亮的金牙，穿粗線織的毛衣，上面有綠條紋，一位年輕的男人指揮她。此人流裡流氣，一副皮條客的表情，看了讓人感到噁心，而她始終對他面帶微笑。不遠處有四個瘦瘦的男人騎著一輛鏽跡斑斑的自行車飛快地轉來轉去，自行車只有一個輪子。一個人頭頂在車座上，用右手掌握方向，同時用左手驅動輪子，另一個人懸在把上，剩下的兩個人在上面倒立。我一直不明白，這輛車怎麼承受得住？可是他們確實在上面表演車技，一個輪子在高低不平的地面上轉來轉去。

稍遠的地方是茶攤和新的席棚，其中一個棚子裡有長得有點兇悍、上了年紀的男人，還有一個可能是他兒子的人，正表演拳術；另一個棚子裡是中國式摔角。一位個子矮小的男人臉上長著長長的黑鬍鬚，鬼鬼祟祟地在地上轉來轉去，不時發出野獸般的狂叫、挑戰。他圍著一個汗流浹背、渾身疲憊、眼裡帶血絲的人轉了一圈又一圈。他們突然撲向對方、抓住他的胳膊，說時遲那時快，汗流浹背的那位鬆開手撲到對手的腰部，把他扛起來摔在地上。但那位黑鬍鬚奇跡般地騰空而起、站穩雙腳、給對手使了個絆，對手咚地一聲倒在地上。

毫無疑問，這是我看到過的最漂亮的角鬥。沒有野蠻的撕扯，僅僅是強壯漢子間的比賽，玩得乾淨、利索、爽快。

新的回合。那位眼裡帶血絲的漢子疲憊地坐在靠背椅上。有新人出場。他脫掉外衣，換上寬鬆的黑色棉布褲子，粗布上衣，寬大的半截袖子，光著胸脯。隨後與新挑戰者的角鬥又開始了。時間一個小時一個小時地過去。這中間有幾個人拿著小籃子向觀眾收錢。

再往前走幾步，看見一個魁梧的漢子坐在一架大型西洋鏡旁邊，一邊滔滔不絕地講解，一邊打鼓為自己伴奏。觀眾蜂擁在那架西洋鏡的窗子前，就像看電視一樣，裡面放大的圖像紅白雙方正在激戰。飛機在檸檬色的天空下燃燒，戰船在吐著白沫的浪尖上衝向城堡，同時吐出滾滾濃煙。戰鬥異常激烈，直到國民黨軍隊被迫逃跑，從畫面後面傳出嚇人的喊叫聲：看呀，解放的中國人民站在美麗荷塘旁的石柱大廳裡，幸福地揮著手，櫻桃花競相開放。隨後新的一場拉洋片又開始了。

從不遠處的一個棚子裡傳來一陣歡笑聲，一群人圍著一個光頭的小個子男人看他變戲法。他坐在地上，周圍放著一大堆小東西，杯子、碗、茶壺、戒指、帽子、破布條，一個箱子裝著家兔。他一邊嘻嘻哈哈開玩笑一邊講故事，一會把一個東西變不見，一會變出一個新東西，他把一個茶壺底部拆開，隨後立即從同一把茶壺裡倒出一杯熱氣騰騰的飲料。

他的妻子敲著小鑼、打著小鼓為他伴奏，用簡單的插話幫腔創造戲劇性氣氛，「對！」、「不錯！」、「來啦！」、「看呀！」其中一個高潮是，兩把沒有底的紅色茶壺肩並肩走出來。在那裡確實能看到變戲法人的價值，他們能變出一顆高麗菜，一串已經萎凋的紫洋蔥和一堆白菜。觀眾靜靜地欣賞、讚歎，往籃子裡投幾個硬幣，但還捨不得走，可能想弄明白變戲法人是怎麼變的。

真是，我們當中沒有人能弄明白，他是怎麼在一瞬間就變出了一個玻璃缸，裡面還有三條鮮活的金魚游來游去。我住在北京的三年裡經常到那裡去，專門琢磨這個節目，我檢查過他的雙手，但一直沒搞清楚是怎麼變的，可能其他人也不知道。但我們很多人還是喜歡圍著他看。只能用兩個字形容：神奇！

注釋：

1. ——鋸碗又作鋦碗。是種以特製的兩腳鋦釘，綴補破裂陶瓷器具的傳統手藝。
2. ——六必居，傳聞明朝嘉靖年間創立，實則創立時間為清朝康熙年間。此處作者所述五百年，應為自嘉靖年間起算。

天津一瞥

交通男女理髮

訪問格蘭先生

三月底，我們幾個外國留學生，我和兩位挪威人斯泰因、哈里爾德，在與員警和北大當局交涉幾個星期後，終於獲准到北京附近的海港城市天津旅行，並過一宿。留學生辦公室的周先生很刻薄，千方百計勸說和製造種種藉口想阻止，但我們還是成行了。

天津自二十世紀初就是最西方化的中國城市之一。一八六〇年鴉片戰爭後，天津成了所謂通商口岸之一，英國和法國在那裡建起租界地，享有治外法權。隨著時間流逝，其他國家，如日本、德國和俄國也先後建起租界，此舉促進了當地經濟快速發展。溥儀這位中國末代皇帝在辛亥革命後被廢黜，在故宮住了十二年後，帶著他的遺老遺少逃到那裡。在此期間，各類中國人避開政治動亂，也躲到那裡並受到保護。

當置身於老租界區，天津就像一座完全西化的城市。有著典型的西歐建築風格的貴族別墅：法國文藝復興式、英國十九世紀風格、荷蘭構架式。一家漂亮、但已經下沉的青年旅館和一家迷人的舊書店。和北京一樣，天津已很破敗，但昔日令人不悅的景象並未完全消除。一位老人沒有腿，坐在一輛只有一個輪子的小木板車上沿街移動。還有四個盲人蹣跚而行。走在最前面的拄著一根長長的竹竿，其他三個人昂著頭緊隨其後，白眼珠後面好像懷有自信。

我們聽說有一位叫格蘭的挪威人住在這裡，據說快七十歲了，從一九一七年起一直住在天津。

我們找到了他。他曾很富有，在天津和滿洲的奉天都有不動產，但現在除了這個小公寓，其他的一切在革命後都被沒收了。他說，連一分錢的補償都沒有。五年前他的妻子去了土耳其，現在他也認真考慮，是否要返回挪威，在那裡等待這個政權垮台。

「在蔣介石時代，當時活得很有價值！但是現在……」

他坐在一個坐墊已經塌下去的沙發上，旁邊是一張折疊桌，抽屜已經不見了。廚房又髒又破，但無人在意。看得出好久沒人洗過碗。寫著「丹麥王國食品與咖啡銷售公司」字樣的幾大疊盤子擺在桌子或地板上，有的還有剩菜。他說他像中國人一樣生活，沒有任何額外照顧，有時在夜幕掩護下有人偷偷聯繫他，賣食品給他。有回賣給他三條魚。他用手比劃著魚有多大。可歎！他不認識任何中國人。

「過去這裡有五千多外國人，」他不屑一顧地說，「沒必要和中國人打交道！當時有國際俱樂部、跑馬場和酒樓……我們不願跟中國人交往。如今不許他們和我們交往！可歎！」

在通向他的公寓外的過道兩邊，住著三戶中國家庭，每戶只有一個房間。房子裡的一角放張大床，另一角放個可移動的爐子。陡峭的木製樓梯上亂放著水壺、籃子和大包小包的東西，院子裡堆著高高的煤渣。格蘭先生坐在那裡等著這個政權垮台。他壓低聲音說：

「天津和北京有一半工廠都關門了，工人被號召回鄉下務農。啊，這種情況還能維持多久。」

我們要走時，格蘭先生走到廚房的一個櫃子前，掏出一整瓶挪威生產的「生命之水烈酒」。

「每年耶誕節，我都會從挪威大使那裡收到這樣一瓶酒，但我不喝烈酒。若你們願意的話就拿走吧。」

我們叫一輛三輪車來到天津的中國城區（勸業場），那裡很熱鬧。一條長街的人行道兩側全是擺攤子的，有裁縫、鞋匠和做白鐵匠活的。一個街角的牆上掛面鏡子，標示自己的營生，理髮師正在給一位老者剃頭。有很多茶攤，桌子旁邊放著小板凳。擴音器裡傳來愉快的音樂，成百萬的孩子像海鷗一樣跟在我們後面，一邊笑一邊叫。他們互相推來推去朝我們奔來。有的跑到我們前面去敲家門：

「快來，快來看外國人！」

街景很活躍，但純粹是貧民窟。沒有一棟屋頂完好的房子，沒有一扇門、一個窗子完好無損。幾十年前刷的油彩已經脫落。大家都髒兮兮的。酒店客人很少，但工作人員很多。酒店必須營業，用以接待可能來的代表團和臨時來的客人，日復一日，月復一月，儘管客人很少。「城裡為數不多的客人，每星期也就一次到這裡用餐。」那位丹麥商人魯迪·卡德爾說。他是和我們一起到酒店吃午餐的。他臨時來天津是為了清理一家公司的帳目。

在中國旅行

北京站
BEIJING ZHAN
庆祝中华人民共和国成立十三周年！

赴上海途中

因為二月分有春節（中國的新年），北大停課一周。為拓展我在北大學習的空間和視野，我申請到其他城市旅行，其中包括上海。但一如往常，我又碰到巡邏檢查。我們這些在北京的外國留學生，只能隨便去西山和不遠的明十三陵。想去其他地方需要批准，能否得到批准，取決於他在北京的身分。外交官和其他官方人士只能訪問一些較大的城市，住在被指定的、經過當地挑選的大賓館。我們留學生有更大的空間可以挑選城市。但也得住在指定的賓館，不能改變。

為獲得外出旅行的許可，要做很多準備，執法部門管的事既多也變化無常。為了能買火車票，首先要出示本單位的介紹信。不僅要說明想訪問的城市，還要說明何日何時啟程、到達和離開。以外，還要確切知道鐵路部門是否有合適車次的座位。

最大的問題是，唯有獲得批准，才能得到車票方面的資訊，反過來你必須知道火車開車和到達目的地的準確資訊才能獲得批准。這個事有兩個部門管，分別設在不同地點。我想首先應該得到公安部門批准吧。

大家都想從當局有關人士那裡得到確切消息，何時才能辦妥。在不斷施壓下得到的回答是：「不知道，可能明天吧！」永遠不知道哪個人在辦這件事。據說，你要「提出問題」，使出自己的雄辯才能，給人令人信服的理由，解釋清楚為什麼要到那裡或者其他地方去。他們會很禮貌地聽著，然

北京新火車站

後就沒有下文了。原因是，要真辦事時，起初跟你談話的人不見了，經過一段時間思考，認為該由地位更高的人來處理，在這種情況下一切都得重來。不過好事多磨，最後總會有結果。

當一切都辦好了以後才得知，從北京到另一個城市只能買單程票，不能買聯票。若我想繼續訪問其他城市，必須再從當地買。那個地方有沒有合適的火車、最主要的是能不能買到票，這些在北京都不可能知道，只有到了第一個訪問的城市才能知曉。但他們告訴我，可以事先與要訪問城市的外辦聯繫，我會得到幫助。

買了去上海的火車票後我如釋重負，心想這下行程沒問題了。但出發兩天前，我被請到留學生辦公室，他們說因火車出發時間改變，不能保證會有座位。似乎整個行程都要重新安排。不過那些公務人員最終還是成功解決這個問題，我成行了。

六〇年代遠途旅行可是大事。單單上火車就要花一個小時或更久。北京新火車站一進門就要嚴格檢查。新火車站的位置緊靠城牆東南角，樓頂有個美麗的大鐘。幾百名旅客背著大包小包和孩子擠在大廳入口處等著進站，然後在電扶梯護欄前等待，最終在車廂口驗票後才能上車。到處都要仔細驗票，到處都是監視人流的武警和配備衝鋒槍的士兵。

一如預期，因為是外國人，所以我要坐一等艙，或稱「軟臥」，屬於高等地位的人，如行政管理人員、軍人和類似地位的人。那裡比較舒適。靠背椅之類的設施也有別於「硬臥」。桌子上鋪著手工繡的桌布、青瓷茶杯上有葡萄藤狀的白色葉子、有大理石燈座和綠色打褶絲質薄紗燈罩的檯燈、椅子上套著鉤針編織的罩布、有供沏茶用的暖水瓶，服務員多次加水。火車搖搖晃晃經過

城東南的大門時，太陽正好噴薄而出。大喇叭裡播放著少數民族音樂。每次火車開出或進站時，接車人員都要立正，這是種凱旋的儀式。

很多旅客完全不適應火車旅行，透過車廂裡的高音喇叭，廣播員不僅報告下一站的名字，還仔細說明乘火車應注意的事項：「毛主席教導我們，外出旅行時最重要的是……請把自己的箱子和其他物品放好……請不要讓小孩在地上打鬧玩耍……桌子下面的暖水瓶裡有開水……不要把茶葉吐在地板上……不要往廁所的水槽裡吐痰。」

經過某個地區時，也有真正的資訊傳來，「我們現在經過……抗日戰爭時，這裡曾有過一次重要戰役……現在我們進入……省，省會叫……有多少人口……」資訊播完以後，立即響起共產主義歌曲「社會主義好！」每一個車廂都有一個喇叭，旅客無法自行關閉。

火車被一個傻大黑粗的蒸汽機車車頭牽引著，吃力地向前慢慢爬行。有時在鐵道上或小站停一下，然後再重新啟動繼續慢慢爬行，這時所有的車廂都你碰我一下，我碰你一下。少數時候火車時速為五十公里，這時就可仔細看看窗外農村的真實景象。有些東西則是無法看見的。其實他們不是有意讓旅客看外面的景色，反倒是特別不想讓外國人看見。

絕大多數小站就是一段路基。上頭擠滿了人，每個車廂

門口都整齊地排著隊。他們拿的袋子非常顯眼，自己用黑麻袋片或破布片製作的袋子，有的把口縫住，有的用粗繩子紮緊。這些袋子分別掛在胸前和背後。舊棉被經常要捲成卷子，總有一個五顏六色的洗臉盆，上面加一雙膠鞋。看起來就像有人在他們背上踩了一腳，留下黑色鞋印。遭洪水浸泡的村莊正在慢慢變成泥土。幾棵樹孤獨站在天空下，樹尖上僅有一點綠色，好像陸地上的航標塔，樹上大部分的東西都被飢民吃光了。看不到盡頭的漫漫長路，就像消失很久的船隊記憶。一連串的人拉著載滿布袋的大車。農舍還殘留著五〇年代轟轟烈烈政治鬥爭中的口號。

峽谷就像有人用大刀朝大地砍完一刀後留下的一道傷痕。能隱約看到谷底的乾河床，兩邊是等待春雨滋潤的田地。山的陰坡上覆蓋著發黑的積雪。帶有沙丘的乾旱地區就像沙漠中的漩紋。平原繼續朝遠方地平線退縮。地面偶爾突然升高，就像大洋中的漩渦轉瞬即逝。

發亮的小路斜穿平坦的棕色田野，就像一股微風從漆黑的水面掠過。田野上偶爾會有一個水塘或墳頭。有時會看到為名人或重大事件樹立的紀念碑，那些帶有碑文的石碑馱在龜背上，意為永垂不朽。

由人拉犁耕地，經常是女人和孩子。難以言表的勞苦，田地兩頭距離那麼遙遠，看不到盡頭，但活兒還得幹，加工、播種、施肥和秋收，都得靠手工，不幹怎麼生活。

遠方的灰棕色大地上，有鐵鍬在閃亮。食物、家和必須要讓他們活下去的孩子。在荒年歲月它們之間沒有界線，都重要。

有時工廠就是一個空架子，沒有屋頂、沒有門，這是大躍進的失敗和中蘇矛盾造成的惡果。一九六〇年六月蘇聯撤走全部專家，共一千四百人，還帶走了全部設計圖。他們本是要幫助這個兄弟國家實現工業化。全部合約作廢，二百五十個科技合作項目終止。由於蘇聯拒絕提供過去答應的各種設備，一些已開工的專案也無法繼續。中國的建築工人不再有工作，剛建成一半的工廠只好停止。

空洞的窗子、坍塌的屋頂，本該是個很大的車間，此時應該正在生產拖拉機、挖掘

機、收割機以及其他周圍農村需要的機器，如今只剩下柱子，默默地對著天空。

愈往南河網愈密，從半公尺高的水渠到寬闊、頭等規模的運輸大通道都有。首先看到的是風帆，被升得高高的，以便能乘風破浪駛過三角洲。

洗過的衣服晾在繩子上。一個穿黑衣的老婦和一個小男孩用長長的薄槳搖著小船。

長江緩緩流著，河水渾濁。黃棕色的低矮小船張著大嘴在濃煙中順流而下，錨像掛在嘴角的一滴口水，船酷似馱著自己孩子的鱷魚。其他的船用一根細竹繩或木棍相連，磕磕碰碰慢慢向前行駛。一大串平底船升起長方形風帆，從河中心無聲無息地飄過。

到南京前，我們在長江北岸等了很久，以便載著旅客的火車輪流渡過長江。一九六八年那裡建成了一座宏偉的大橋，五年後我再經過時，廣播裡傳來震耳欲聾、歌頌黨偉大功績的歌聲，這是革命後首座完全由中國工程師設計的大橋。火車慢慢駛過大橋時，國歌聲在水面上空飄蕩。嚴肅的士兵在橋上鐵路兩邊立正、行軍禮。

首次乘火車，從北京到上海花了我二十三個小時。橋建好後，坐上舒服的特快列車，穿過無邊的原野，過橋只需一分鐘。我最近從北京去上海，一千三百二十公里只需四小時四十五分鐘。每隔十五分鐘就有一班。

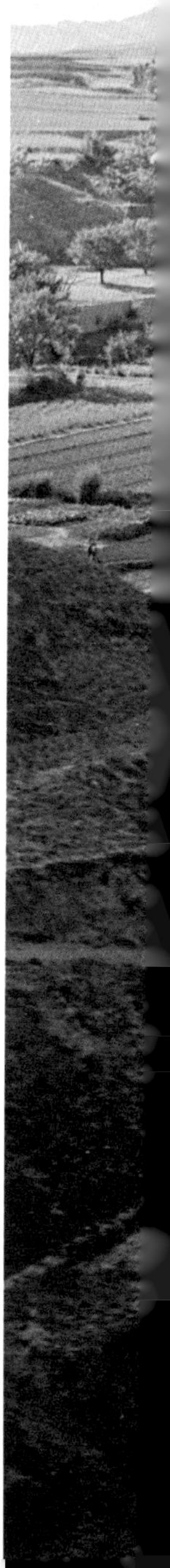

長江三角洲

上海、蘇州和杭州

上海

總算到了上海，我首次領略黃浦江的風采，像一條漂亮的快速道路，奔向幾十公里遠的長江並與之匯合。站在和平飯店樓頂，鳥瞰黃浦江上各類船隻千帆競發時，那是我生命中最心動的瞬間。對於西方人來說，當年上海是個近乎神祕的城市。一百多年前西方大公司首次落戶上海，並從事自己的活動。透過德國電影明星瑪琳黛德麗演的電影《上海快車》、美國華裔作家賽珍珠、英國作家毛姆的作品和其他西方人士，世人對這個城市留下了深刻的印象。其中有一大批猶太人，他們為了躲避歐洲的迫害而定居上海。它是亞洲最有魅力、最擁擠、最富吸引力和最危險的中心，黑手黨和政治流氓控制掌管一切。我驚奇地發現，房間豪華的桃木心房門底下有個很小的縫，使我想起四〇年代關於「東方國家」的電影裡的一個情節：有人從門縫偷偷塞進一封信，預示著愛情或死亡即將

來臨。

黃浦江上船隻往來如梭，有又窄又長的貨船，沉重大舢板上掛著竹竿骨架的黑色船帆，像巨大的蝴蝶穿梭於兩岸。發出悲鳴汽笛聲的拖船，拉著一長串平底船前行。碼頭停靠著白色渡船，等待把旅客送往長江三角洲和沿海各個碼頭，或逆水而上到八百公里外的武漢，深入到中國的心臟地區。

外灘是綠樹成蔭的沿江散步大道，革命前，上海上層階級會在炎熱的夏季去享受黃浦江上吹來的涼爽江風。那裡還有五十多家亞洲最主要的經濟機構，如「匯豐銀行」。我從書中讀過那裡的宏偉大廳，以義大利西恩納進口的大理石建造，圓頂鑲嵌威尼斯馬賽克。有天我碰巧路過，因為銀行開著門，我便走進去想親眼看看裡面的情況。這兩個地方依然光彩奪目。那裡還矗立著政府辦公大樓和海關大廈，一九一〇年建的上海俱樂部，聞名於世的三十公尺長酒吧，據說是全大英帝國最長的酒吧。

南京路上的住宅

一九四九年以後上海俱樂部改為海員俱樂部。俱樂部還在，但我走進去時，裡面幾乎空無一人，昔日的摩登女郎已不見蹤影。當年上海俱樂部那麼有名，無人不知、無人不曉。幾家普通的共產主義宣傳期刊和幾家剛成立幾個月的報社設在那裡。裡面僅有一個賣紀念品的小櫃檯，當然可以在那裡要上一杯啤酒，但別的就沒有了。那裡與中國的貿易幾乎是零，也很少吸引外國海員惠顧。

站在黃浦江邊可以看到浦東，那裡有個髒亂的造船廠，有庫房、塔式起重機和一片棚戶區，天黑後很少有人願意到那裡去。一九六〇年代沒有人會預料到，僅僅一代人以後，那裡成了世界上發展最快的地區之一，有成千個摩天大樓，高速道路和服務設施齊全、高標準的住宅區。這個地區的面積與斯德哥爾摩差不多，如今卻住著四百萬人口，而後者只有一百萬，地價比美國曼哈頓還貴。

作為現代化、蓬勃發展中國的象徵，六百五十公尺高的上海大廈拔地而起，是世界上第二高建築；四百六十公尺高的東方明珠廣播電視塔，是上海旅遊最佳景點，塔頂設有旋轉餐廳，看起來就像發射前的運載火箭。我這裡只說了幾處最壯觀的建築物。但那個地區六〇年代的樣子，就像我從和平飯店樓頂拍的照片一樣。

上海的某些部分仍然是座美麗的城市，特別是老的國際租界。仍然能看到迷人的別墅，很多是以英國的樓或法國文藝復興時期的殿堂為榜樣。然而一九四九年革命後，外國人走了，這些建築疏於管理，正面的牆出了裂縫，窗子和門上的油彩開始褪色。南京路是上海最主要的商業大街，兩邊漂亮的德國新藝術風格建築的陽台上，已經沒有人再喝餐前新加坡斯林酒，如今那裡放著冬儲大白菜、洋蔥和其他重要蔬菜，或者種了蒜。在中國菜譜的佐料中，除了薑和醬油，蒜是最重要的佐料。

將來會發生什麼，沒有人知道。大家都在等。

儘管整個上海都散發著黴氣，好像立即需要戴上防護面具，但比起北京來還是比較有生氣，人也顯得更大膽。有時會有人在大街上用英語或法語問我是從哪個國家來的，隨後我們會交談一會。這在北京是難以想像的。我甚至還看到一對對年輕情侶手挽手散步。

晚上十一點，大街上仍舊人山人海，旁邊的小街上也到處是人，

上海文廟（孔廟）

路邊的小商店裡賣人造花，有人手工刻印章，也有賣其他小東西的。在靠近我住的賓館那條街上，我找到一位賣棕毛墊子的老人，我買了一條，準備鋪在北大學生宿舍的水泥地上。這種墊子本來是夏天鋪在床上的，它比一般墊子要涼快很多，不過對我來說，鋪在地上有同樣的作用。

中國人聚居的區域仍有很多漂亮的廟宇，但它們已不再是宗教中心。為祭拜孔子而建的文廟，如同很多其他寺廟，已改作它用，成了工人文化宮，昔日放孔子塑像處，現在擺上了毛澤東的塑像，此舉讓我大為震驚。但廟宇的屋脊仍然直插雲端，比中國北方要大膽得多。只是屋脊嚴重下垂，廟宇隨時可能倒塌，好像只有幾根木偶線提著。

◆

有天下午我跟幾個外國人到一位中國人家裡拜訪，據說他是一位「被改造好的舊帝國主義份子」，革命前屬於上海有錢人。他和家人還住在一棟大房子的底層，但各種跡象表明，他已不再富有。沒有漂亮的硬木家具、中國國畫、雕花屏風和書法條幅，也沒有精美的瓷器或青銅器。他本來有一副漂亮的面孔，但現在已風光不再、眼大無神。

談話中他有時把目光投向我們，好像想起了某些往事，想起了他曾經用完全不同於現在的方式與外國人談話。有好幾次他突然中斷談話，目光驚恐起來，好像動物突然感到了危險，其實沒有。儘管他的英語很好，但談話是用中文，不過當翻譯翻錯時，他會謹慎地加以糾正。

老日昇織補店
231
老日昇织补

他興致勃勃講起了自己的巨大財富，二十萬元，能養活一百個農民，以及他怎麼積累起來的。他低價買進過期的盤尼西林，再高價賣出，從中賺取利潤。他用同樣的手段轉手他能弄到手的過期維他命和其他產品。直到一九四九年革命後，他才明白這樣做是多麼錯誤。他面帶微笑責怪自己和自己的前半生。

「看，共產黨人是多麼正確！世界各地的資本家是多麼殘酷，他們只顧自己的利益，簡直是竊賊、是土匪。」

其中一位來訪者問，他說的是真話嗎？所有資本家都這樣？

「當然是！他們是有罪的！毫無疑問。」

但是當大家喝完茶、翻譯的注意力不太集中時，他迅速轉過身，以只有室內少數人能聽到的音量，對剛才提問的人用英語低聲說，賣這種藥的事，自然不是普遍現象，可能少數時候才會發生。

他繼續熱情地說，他的孩子都是優秀的少先隊員。這時他重新轉過頭對著大家。他說，他的孩子經常批評他和他的妻子，他們是真正的少先隊員，他們接受的教育比他和妻子接受過的教育好多了。當有人問他，他們的孩子是跟他和他的妻子親還是跟黨親時，他立刻回答：

「跟黨最親。這還用說。」

他的妻子很緊張，左臉嚴重抽搐。她說革命前丈夫很晚都不回家時，她非常害怕。不知道他在哪裡、什麼東西勾住了他的魂。如今她再也不用擔心了，整個生活很安寧，她的精神受到共產主義的啟示。

但理解上海並非那麼容易。明顯地，他們仇視舊的階級衝突，以及長期使中國受屈辱的外國人，更仇視自韓戰以來封鎖中國的美國。

有天上午大喇叭響起，號召大家到舊跑馬場參加群眾集會，抗議「美帝國主義」謀殺剛果總理盧蒙巴。大會開始幾小時前，市中心的街道交通就已封閉。當我來到廣場時，那裡已聚集了成千上萬的人。各路隊伍都是精心組織的，每批有三十五至四十五人，手裡拿著旗子和千篇一律的抗議標語。靠近南京路的區塊搭了個講台，上面鋪著化學纖維地毯，每個燈柱上都掛著個擴音器。演講者一個個從講台上發出對美帝國主義的抗議，內容是一成不變的仇視宣傳，這使我想起一九三〇至四〇年代，德國納粹主義紐倫堡大會的情景，每講一段話後，身著藍色衣服的群眾就吼叫起來，高舉拳頭、搖動旗幟。每批人都有個指揮，帶頭喊口號，依事先籌畫好的內容鼓動眾人怒吼（他手裡有一個提綱），就像現在電視娛樂節目裡預錄好的笑聲。攝影機和麥克風對著公眾、對著主席台，錄下整個過程。

一個中年人站在我旁邊，他有副和藹可親和文質彬彬的面孔。我謹慎地問他，大家是否知道關於盧蒙巴被殺害的詳細情況。

「這件事剛發生幾週，」我說，「他們怎麼知道是美帝國主義者犯下這起謀殺罪？有任何委員會來得及調查清楚這件事嗎？」

「沒有。」他用溫和的法語回答。「不過事實將證明，美帝國主義要負責，」他繼續以同樣溫和的語調說。

後來我聽說，北京天安門廣場同一天有近二百萬遊行者。那裡真能容得下那麼多人嗎？回賓館的路上，經過一個中國人居住的熱鬧舊城區。在外國人到來前，那裡是個有圍牆的小漁村。街角處有個說書人和一個戴著白色無沿帽拉二胡的人。周圍有群聽眾，主要是孩子，他們隨著說書人強調重點的手勢聚精會神地聽著。遠處有位算命先生坐在小板凳上，前面有一個放籤的瓶子。我從未在現實生活中遇過算命先生，只看過革命前很早的照片，我問他算一卦多少錢。我們交談了一會，老人向我展示我抽的籤，不過我們還沒來得及細說，周圍已圍了一大群人。

「這是迷信，」他們高喊著，「你為什麼與這種人打交道？」

他們把我逼向老人和牆壁，被夾在成年人大腿中間的小孩子喊叫起來。我立即中斷與算命老人的談話，竭力想保護自己，不再後退。我大聲呼籲、打哈哈、開玩笑，請大家別再擠了，但無濟於事。不過最後我總算幸運地衝了出去。

看見不遠處有輛三輪車，我趕緊跑過去。跳上車後，我迅速告知要去的地方。但人群窮追不捨，他們高喊不要拉她。這時已聚集了幾百人。蹬三輪車的害怕了，我趕緊下了車，快步離開。在大街不遠處，我又碰到另外一輛三輪車，說明要去的地方並登上車。

他開始用力蹬車，但是很快就被趕上了，一群孩子把他圍住，高喊叫他不要拉我。但是車夫使勁按著車鈴、迅速甩掉那群孩子，我安全到達賓館，毫髮未損，但驚恐不已。至今我仍記得車夫背脊上的鹽花，和黑色衣服上的一圈一圈的白色汗漬。

◆

一年後我再訪上海，一切都變得安定許多。有天我和從北京來的一位朋友去昔日的法租界。她要去看望自己的父親，並想讓我們看看她成長的環境。富麗堂皇的房子、漂亮的街道、被稱作「法國梧桐」的樹，綠樹成蔭，那麼安靜祥和。對於有幸去她的父母家，我們感到很特別，外國人與中國人的密切交往是絕對不可接受的，所以我們都很謹慎。

她的父親仍住在他曾擁有的那棟大房子裡，但如今只有底層屬於他，有個狹窄的廚房，昔日的客廳現在成了一個房間，放了個開口爐子。擺在牆角的大鐵床，上面鋪著金黃色繡花緞子被，上頭有隻紫羅蘭色的神奇大鳥，是屋子裡唯一能想起昔日富裕的東西。

他那把心愛的椅子放在窗邊，一個長把菸斗和一把茶壺。他坐在那裡戴著帽子，因屋裡冬天很冷，這是必備的。三層厚的絲綢棉襖很嚴實地穿在粗糙黑色皮大衣裡。他心滿意足地抽著一支古巴雪茄，是位剛從蘇聯回來的朋友帶給他的。桌子上放著紙筆。

「過去我每天早晨都要寫一小時的字，」他說，「但已很久沒動過筆了。」

他說，革命前娶了兩房太太，都是好女人，從來不吵嘴。大房和她的孩子住在二樓，二房和她的孩子住在三樓。二房的其中一個孩子，就是我那位朋友。他一共有七個孩子，如今他們分散在四面八方。兩位太太都回老家了，孩子們也都長大成人。過了大半輩子豐富多彩的生活後，如今他孤身一人。

他興致勃勃講起自己的香港之行。香港確實有很多好吃的東西！特別是那些不起眼的小餐館。坐在室外木製吧台旁低矮的小凳上用餐，舒服極了！可惜他摔了一跤，折斷了腿，一個沒有經驗的醫生誤診，那條腿遺憾地成了終生殘疾。

「因我沒有工作單位，雙手從來沒有幹過活，所以沒有糧票和其他副食券。但這不是什麼問題。只要有路子，什麼問題都可以解決。」

隨後我們在他家與他共進晚餐。他打開一張折疊塑膠小桌，在女兒的幫助下我們吃了一頓美味餐點，有炸豆腐、醃白菜絲、粉絲蝦仁，與佐以薑和百合的豬肉炸丸子。

◆

據說中國是個無階級社會。但是一九四九年革命後，所有重要商品都實行配給制，而不同的群體得到的分額差別很大。一直到一九五八年，城裡一個成年工人每月定量為四十斤糧食，知識份子三十斤，家庭婦女為二十四斤。每人四分之一升食用油、一斤豆腐、一斤肉或魚。除此之外，每人還可以買一雙布鞋、兩塊肥皂和三公尺棉布。

但隨著工農業問題不斷增加，配給東西愈來愈少。原來所配給的是大家都喜歡的大米、白麵，後來搭配白薯、玉米和大麥麵。一九六一年只供應三尺布，不到一公尺，實際上這點布只夠打補丁用。一九六二年秋天，生活用品和工業用品的生產趨於正常，配額慢慢增加，但要能買到所需要的一切東西還需假以時日。

對於「幹部」，也就是國家各類公職人員，則有特殊標準。幹部共分為三十二級，按級別發放配額。八級以上幹部的正常配額，每月不僅有三十斤糧食，還有多好幾倍的短缺食品：四斤肉、四斤雞蛋、兩斤黃豆、半斤食用油。遇到節日還有一點魚。

要買工業品需要特別的工業券。基本標準是，每二十元工資可獲得一張工業券。一個年輕工人的月工資在二十至二十五元之間，而一位工齡長、受過良好教育的業務骨幹每月可掙一百五十元。普通工人每月工資在五十元左右，對大多數居民來說，要想買大件工業製品，都無法籌得所需的工業券。一個暖水瓶需要五張工業券，一件棉布上衣大約要二十張，當然要看品質好壞。一輛新自行車要上百張。工業券在戶口所在地發放。我本來想用工業券在上海買塊漂亮的棉布，但我的工業券只能在北京用。

有錢的人可以買到絕大多數食品和工業製品，但價錢要比用工業券貴十倍。這不是一種黑市，而是政府吸收過量發行貨幣的一種方式，也是對國庫的一種貢獻。

這次訪問上海時，我應邀到一家瑞典公司的代表家裡做客，其他瑞典公司都撤走了，他們是唯一還留在上海的。這個家庭在此住了約五年，主人請我們吃了美味西餐、喝了好酒，也有有趣的談話。但他們取悅我們的方式有點不合時宜。在起居室時，自始至終都在放瑞典民歌手、作曲家埃維特·陶貝的民歌作為背景音樂，然後放瑞典演員馬丁·雍的一部很長的獨角戲。當然不錯，兩位都很優秀。但此時不是在上海嗎？他們大概以為我們像他們一樣想家吧？午飯後主人帶我們出去走走，去看看一個非常引人注目的全新住宅區。一條全新的柏油路通向那裡，但這條路卻被當作打穀場，讓我們很驚奇。路兩邊堆滿穀粒和秸稈，中間放了很多穀穗讓往來的汽車幫助「脫粒」。動作敏捷的姑娘迅速取走秸稈、收起穀粒，再鋪上新的穀穗。

有人說，上海的新城區是按西方樣式建造的，但顯得單調，看起來已很破舊。窗子外掛著食品袋和其他需要冷凍的東西，陽台上晾著衣服，還放著桶和各種罈罈罐罐。沒什麼建築風格可言。樓層很矮，也沒有任何祕密通道。

然後我們去看一個很大的基督教堂。一條小路旁停放著三口沉重的棺材等待下葬。其中一口棺材貼了一張紙，上面寫著死者為女性，八十二歲，七月五日去世。上面還貼著棺材的價錢，一百一十六元，差不多三百克朗，一筆不小的錢。氣氛很悲涼。陵園裡很多石碑上有瑞典人的名字，黑紅顏色，都是印刷體，很容易讀。主人和他的妻子問，上面寫什麼，我說是死者的生卒日期，他們用驚奇的目光看著我，我怎麼能認識大寫的中文數字呢？

我們僱了輛三輪車回到小汽車停放的地方，我們坐前面，靠近車夫，主人夫婦坐後面。當我們到達目的地時，我問多少錢，四毛，合當時瑞典錢四十厄爾。我付了錢，他們驚奇地看著我，問「毛」是什麼？

我感到羞愧，他們竟對自己生活的國家一無所知。將近五年了，連中國數字也沒學會，其實用不了幾分鐘，甚至連錢叫什麼都不知道。他們講美元、美分，不講元和毛。家裡有主婦、三個孩子和三個處理一切家務的僕人。他們，特別是不上班的她，怎麼受得了？有時逛逛上海市內當時還營業的古董商店、偶爾應邀赴宴，這是什麼生活？難怪他們想家。

◆

有天晚上我那位中國朋友帶我到大世界去玩，那是一棟五層高的宏大建築，是上海南京路上著名的娛樂中心。裡面有各種演藝大廳，上演很多雜技節目，周圍是個開闊的場子。節目都很精采，有幾個我從未見過。一群小夥子從不同的方向連續翻筋斗，穿過浮擱著的鐵圈，鐵圈顫抖一下，但沒有倒。另外一個節目讓我心驚肉跳。他們用繩子把一個小孩子的腳捆住，然後把他頭朝下從七、八公尺高的竿子上放下來，直到離地面只有十公分才停住。如果煞車失靈，他的頭會多處受傷，脊椎和頸部會折斷，後果無法想像。

為了讓緊張的心情放鬆一下，我們繼續往前走，去看美妙絕倫又富有詩意的木偶劇，據說是由非常有名的地方劇團演出。內容是鯉魚女王在水中聽到一位書生朗讀自己創作的詩歌，大受感動而愛上了他，她放棄了自己的水中王國和金光閃閃的魚群而變成他的未婚妻。最曲折離奇的是，當書生原本的未婚妻與鯉魚女王對簿公堂時，沒人能分辨出真假。

看來一切得由戰爭來解決，波濤洶湧的大海上爆發激烈戰鬥，涼爽的海風勁吹，天上和海上的強權在長長的激浪中博弈。大海蚌浮出水面，吞下天上派來的帶翅士兵，巨型烏龜趕忙去增援魚類。隨後那位無所事事的年輕書生在巨浪中飄然而至，甩著長長的衣袖，看來還很不習慣鯉魚女王奉送給他的適水性。他們倆相逢了，隨後在微風中嬉戲飄蕩，海上仙女高唱讚歌，歌聲嘹亮。

偷別的女人的男人，值得思考是否合理。不過在戰爭和愛情中，一切都是被允許的吧。中國大概也是如此。

劇中有一個情節，是描寫年輕才子家鄉的中國龍和野獸狂歡的場面。對此我百思不得其解。為何大家那麼偏愛肥胖和滑稽的東西？為什麼對那位五大三粗、大腹便便的馴獅人報以熱烈掌聲？還有對戴著「喜劇性」假面和大頭娃娃的小型舞蹈隊也如此，他們就像穿著硫磺色綢布長衣、好色獻媚的僵屍。他們的手勢、身姿變形都很醜陋。在我看來，他們愈汙穢噁心，中國人歡呼得愈起勁。

可能要與按儒家傳統，和社會主義優秀公民那高尚、有價值的生活形成鮮明對比吧？也可能是認為，一個人只有豐衣足食才能修煉成健壯的體魄。比如病態的彌勒佛，通常叫他笑佛，坐在那裡胸腹袒露，好像兩腿間有個大麵團，在中國是種財富和幸福的固有形象，特別受到窮苦百姓的喜愛。

蘇州

長江三角洲是中國最富庶的地區之一。還有除上海外幾個中國最美麗宜人的城市，都有著悠久的歷史，其中蘇州離上海只有一小時車程。我在那裡首次親眼看到極為壯觀的京杭大運河。它是世界上最長的運河，從杭州直通北京，全長一千八百公里。運河上各類船隻往來如梭，有通向城市的寬闊航道，也有連接住宅區的密集河網，運河有的地方只有幾公尺寬。居民在運河邊洗衣、刷鍋洗碗，細長小船的尾部有個很長的槳，掌船人把滿載物資的船運往各地。

古老的玄妙觀位於市中心，氣氛寧靜，有善男信女和眾多小商販，一切都散發著虔誠和成熟。房子上抹的灰泥，已看不見其中的白灰，儘管大部分受損受潮，蘇州還是風采依舊。具體表現中國城市建築、園林文化的美和人文主義的精華。我記得那句古老的諺語：「上有天堂，下有蘇杭。」

一如以往，我是他們眼前唯一的外國人，但在蘇州我絲毫沒有像往常那樣引起大家張著大嘴驚奇地觀看。當我經過時，大家都友好地跟我打招呼，好像他們對我的到來表示喜悅和驚奇。他們很謹慎，但絕沒有像我在北京遇到的人所表現出的壓抑和恐懼。

沿著狹窄的道路前行，走過那些圓形拱橋時，我覺得好像置身於一幅千年古畫中，據說蘇州有五百座這類型的橋。帶圍牆的庭院裡，有亭台樓閣和帶花窗的走廊，池水周圍長滿翠竹和山茶花；體現露、瘦、透之美的太湖石和供兩位老友交談的僻靜處，孤獨的夢想家、一對對情侶和愛擺弄花草的長者，也有人只喜歡靜靜地把背靠在暖洋洋的牆根，讓太陽曬曬發痛的關節；一棟房子是供

各年齡的老人和孩子、大家庭活動和聚會的地方，有時會多達幾百人。我首次明白在庭院裡怎麼生活，確切地說，能當什麼用。這些庭院成為我學習的榜樣，幾年後我自己也建起了一個小庭院，差不多有九百平方公尺，也像蘇州人那樣，為家庭和朋友建起不同的「房間」，在裡面娛樂和聚會。

滄浪亭是我在蘇州渴望遊覽的地方之一，始建於公元一千年左右，在蘇州眾多著名園林中屬於最古老的。畫家沈復（一七六三至一八二五年）在《浮生六記》中對它有很好的介紹。《浮生六記》是我最熟悉的一本書，對十八世紀末中國文人的生活有著最生動的描寫。他在書中會心地講述了自己和妻子陳芸的生活，和他們大段情意纏綿的談話，這在當時是種神奇的平等婚姻關係。以及關於文學、婦女地位和家庭功能。談及清貧的畫家如何以簡單的手法美化生活，把白紙糊在醜陋發黑的牆壁上，房屋四壁抹上一層泥，使屋裡顯得亮一些，或者用竹子製成百葉窗，既遮光又透氣。

這本書是自傳與愛情故事的混合體，引人入勝。很可惜，他們的生活在極度貧窮和不幸中結束。還有那些充滿詩情畫意的隨筆，關於種蘭花、造盆景、修剪盆栽等技術。沈復喜歡一切美好東西的心境感人至深。

「有菩提樹，其葉似柿，浸水去皮，肉筋細如蟬翼紗，可裱小冊寫經。」

這對年輕的伴侶長期住在滄浪亭附近，炎夏時，他們常到那裡散步乘涼。我曾試圖找尋他們住過的大房子，據說是在愛蓮亭附近的一個庭院，但整個居民區都拆掉了，如今建起一棟很大的建築供公社辦公。不過那個庭院曾經存在近千年。

在一個名為「五百名賢祠」的廳堂裡，牆上鑲嵌五百塊黑色石板，上面鐫刻著五百名官吏、畫家和詩人的像。近千年裡，他們曾在那裡為官、居住。祠堂裡站著一群小孩，可能八、九歲左右，當我走近時，他們很有禮貌地向我問好，然後聚精會神地看著我。北京的孩子經常跟在我後面，高喊「蘇聯人」或「阿爾巴尼亞人」，然後會笑著跑到牆角或藏起來。但蘇州孩子靜靜地站著，仔細看著我。他們裝作沒事一樣，或乾脆朝別處看。後來他們又小心翼翼地把目光轉向我，但沒有靠近，或死盯著我看。

又有一次我走在大街上時，一個十歲左右的小女孩高興地叫住我，讓我等一下。她跑回家拿來一個寫詩的本子，請我在上面寫一首詩。我是小女孩時也做過這種事，我們學習朗誦詩歌、學習寫詩，在彼此的詩歌本子上寫詩和格言。「我想坐在一根很小很小的木棍上留在你的記憶裡，但當那根木棍變得很短很短時，請你也別把我忘記！」這是我們互題很多小詩中的一首，裝飾著一朵壓扁的小花。這次我寫了瑞典詩人格納爾・埃凱洛夫（一九〇七至一九六八年）一九四一年出版的詩集《渡口之歌》中，名為「歌」的一首。他的靈感很明顯來自中國宋朝的一幅水墨畫：

夜晚星光燦爛，
空氣潔淨、嚴寒。
月亮四處尋覓，
尋覓失去的遺產。
到一個窗子裡，到一根開花的枝幹。
千真萬確的是：
沒有大地就沒有花朵，
沒有宇宙就沒有大地，
沒有花朵就沒有宇宙。

我想方設法向她解釋詩的意思，但不容易，不過我盡力了。小女孩對我千恩萬謝，隨後我們道別。但我沒有寫上這首詩的最後一行：「詩歌無疆界」，我是有意的，最後一行不需要寫上。請埃凱洛夫原諒我。

◆

訪問蘇州幾個月後，我去日本參加一個學術討論會，順便旅行一個月，看看那裡幾座舉世無雙的園林。它們主要集中在京都和奈良，比任何中國這類事物更可愛。但奇怪的是，遊人不可以在園林裡走動或停在什麼地方，不可以像在中國那樣使用園林。遊人只能從開著的窗子，或走廊附近的固定景點，靜靜瞻仰富有象徵意義的物件，經常與禪宗有關，由砂礫、青苔和石頭構成，和精心修剪的樹木。

那裡令人陶醉的各種景象，就像十八世紀

一幅有運河、王宮的威尼斯風景畫，或夢境般的理想原野。我永遠忘不了京都龍安寺裡的「無水瀑布」，精心清掃過的沙地，幾個小島突出水面，秀石長滿青苔。還有綠樹長滿青苔的西芳寺，清幽無比。但若我踏進園林一步，警鈴會立即響起。

玄妙寺

杭州

杭州是長江三角洲眾多明珠中的另一顆，位於上海西南一百八十公里處，也是座有上千年歷史的古老文化城市。我去的那天細雨濛濛，使我立即想起瑞典的赫爾辛堡，那裡是我父母成長的地方，我曾在那裡度過很多個夏天，所以有重回故里的感覺。杭州市中心帶有上層階級高雅富裕的古老氣氛，歐式建築，周圍是秀美的園林，高高的鐵柵欄，柏樹和落葉松。遠處低矮的山坡上種著茶樹，據我所知，中國名茶之一、有著清香葉子的龍井茶就產在那裡。

當我沿著鋪石小路走向靈隱寺時，雨慢慢下了起來，後來雨變成雪，飄落在路邊崖壁上雕刻的三百羅漢身上。帶飛簷的大雄寶殿前，鵝毛似的雪花靜靜地落在院子裡。遊人舉著桐油紙傘，小巧的獅、狗石雕坐在那裡朝天微笑，盡職盡責地守護著大殿。空氣新鮮，呼吸也順暢起來，我覺得渾身皮膚都變得鬆軟。這是種解脫，北京的乾燥空氣能把一切東西都烤乾，讓嘴唇乾裂扭曲。

大雄寶殿裡擠滿身著藍色衣服的香客。二十多公尺高、據說是全國最高的塗金佛像坐在那裡。一群善男信女跪在祭壇前的幾塊圓形拜墊上，雙手合攏舉過頭叩拜。他們還給面目猙獰、鎮守四方的守護神跪拜。殿內香煙繚繞。

兩邊長滿茂密翠竹的台階直通葛嶺的道觀抱朴道院，亭台間樹立著詩文石碑，栽著木蘭花（這個品種也叫白蘭花），光禿的枝條上長著含苞欲放的花蕾，三棵高大的山茶花樹開著鮮豔的粉紅花朵。腳下的杭州城和西湖籠罩在薄霧中，遠處群山露出虛幻的輪廓，岸邊垂柳倒映在平靜的水中。站在船上的船夫像細小的阿拉伯文字跡，船槳搖起來時，筆畫線條改變，新的詩篇誕生了。斜風細雨，夜鶯在濕漉漉的柳枝頭歌唱。

還可以看到九世紀，白居易任杭州刺史時修建的

著名湖濱散步大道。二百年後，另一位中國的偉大詩人蘇東坡，也曾在此任過刺史，又在湖上建起了一座美麗的橋[1]。

道觀的門都開著，裡面的一個大祭台有塗金的老子像，被尊為道教始祖。一位黑衣的道姑靜靜站在那裡，用沉穩的動作整理香火。我等了一會，然後用腳輕輕地碰了碰地，道姑慢慢回過頭，但仍繼續整理香火。

一陣細碎的腳步聲，又一位小道姑，小巧得就像個紙娃娃，水靈靈的大眼睛，邁著三寸金蓮款款而來，細腳伶仃，像個尖頭朝下的菊苣。她的臉緊繃著，像發黃的牛皮紙。她領我進了一間公用的大房子，裡頭擺著竹木家具，還有一間小廚房，放著各種帶蓋的罐子。一座大掛鐘滴滴答答地走著。旁邊掛著寫有詩文的書法條幅、各種琴的複製品，還有一把真琴用黑布包著。房簷下吊著一塊金屬板，到了眾道人開飯或舉行某種儀式時便敲打此板。

小道姑指著一幅畫說，這是葛洪（二八四至三六四年）奉獻給道觀的。葛洪是著名學者和煉丹術士，在西元四世紀，煉丹術士都希望找到仙丹以長生不老。葛洪還探討了黃白術[2]。隨後我們繼續往前走，到了一棟房子，術士們在此聚會。她打開通向其他房間的木門，所有房間都是空的。地上放著磚，有人在此燒過香，就是這些。她指了一條路，通向更高處的一個名為「祝英台」的小亭子，周圍是一些矮樹，黃色花朵散發著濃香。

「我們每天在那裡迎日出。」小道姑說。「過去來這裡的人很多，」她繼續說，看樣子有些傷感。「但是現在，只有我們倆。」她用兩個指頭比劃著。「就我們倆。」最後她好奇地問起了我的國家

在一家酒類和蔬菜商店外面排隊的顧客。

是什麼樣子。我們也崇拜老子和孔子嗎？到廟裡燒香的人多嗎？

當我回到市區時，食品店和各類商店外面都排起了長隊。總算又開始賣東西了！這類輕輕的嘆氣在全國處處都可以聽到。新年到了，國家要在市場上投放食品和酒類。櫥窗裡掛著火腿、魚翅、豬肉和其他各種不同的肉，以及一些我叫不出名字的東西。美麗的米酒罈子有四個耳朵，穿一根繩子便於手提著。經過幾年的饑荒，大家總算可以用手中為數不多的票證買到食品，一切都限量購買。抓緊時機去買，晚了就沒了。

注釋：

1. —— 即蘇堤。
2. —— 黃白術是一種將賤金屬變為貴金屬的煉丹術。

廣州和一次長途旅行中的對話

雨中的廣州

一九六一年夏天，雨季結束後我返回北京，新學年該開始了。我在日本訪問了一個月，又在香港待了幾周後想家了，我想念北京城、琵琶和古琴。

我一直盼望有機會訪問日本，讓自己輕鬆一下，以為可以擺脫我在中國感受到沉重和壓抑的氣氛，也藉此機會了解另一種文化。儘管日本文化深受中國影響，但有其獨特之處，自由開放。不過，事與願違，我陷入一種讓我同感壓抑的社會。

一切日常生活明顯要簡單得多。買普通火車票、去飯店吃飯、茶館喝茶、參觀名勝古跡和博物館都很方便。但在與其他人相處時，我立即感到困難。與中國人相比，日本人更殷勤、刻板和內向。

我是去日本參加一次國際研討會的，但我立即意識到這裡沒人把我當回事。身為女人，我從來沒有像那次在日本如此被人徹底忽視，純粹是侮辱和輕蔑。日本男人根本不聽我講話，在任何場合都如此。所有的男人，不論年齡大小，都肆無忌憚地在我前面擠進我們共同要去的會場，卻把我推到吃午飯的電扶梯上。參加研討會時，他們用懷疑和憤怒的目光看著我，然後繼續交頭接耳，毫不在意我講什麼。當大家要進門時，一位很有禮貌的日本先生為我前面的男士開門，但還沒等我進去，就把門咚的一聲關上了。殷勤漂亮的姑娘站在電扶梯旁不停鞠躬。

我就像根本不存在。

這時候我才認識到，中國正在做的試驗很有價值。「女人能頂半邊天」這句政治口號雖然還沒有完全變成現實，但過去已有先例。大家能感受到，女人有同樣的權利參加革命，甚至比男人更有自信和活力。避孕措施已開始執行，不過只適用於已婚者。不管怎麼說，這項措施在中國與瑞典一樣，對提高婦女地位很有成效。

◆

當我到達廣州時，腦海裡仍然留著日本整潔的街道、

香港美麗的走廊和乾淨的人行道，但兩小時後就消失了，重回中國變成了一次衝擊。這一點從邊境附近就開始了。

當年從香港開往廣州的火車，得在邊境幾百公尺處停下，然後旅客拖著行李走過邊界線。中國海關人員把我們帶到一個空曠的海關大廳，裡面響著震耳欲聾的京劇，椅子上配有白色棉布椅套。

護照、特別是行李都有最嚴格的檢查。帶了多少錢？幣種？共值多少錢？帶了多少戒指？是銀的還是金的？手錶？相機？收音機？海關人員拿著一張表格仔仔細細對照我夏季離開時填的內容。當時海關人員不止一次提醒我要好好保存這張表，以便回程時出示。若沒有這張填過的表就麻煩了。

當一切都檢查、核對完後，我們被帶到開往廣州的火車上，火車真長，有十二節車廂。當天只有我們十名乘客，四名外國人，六名中國人。車廂很寬闊，每邊有兩排座位，車廂裡必不可少地掛著毛澤東和天安門的宣傳畫。我們乘的那節車廂盡頭放著兩盆棕櫚樹，不過作用不大，還是讓人覺得空蕩蕩的。

最後火車總算搖搖晃晃朝廣州開去。我坐在車上想，為何在邊界要有如此繁瑣的檢查？是想阻止有人把稀缺的消費品帶到中國轉手買賣，非法獲取高額利潤？這樣似乎合理。可為什麼海關人員對書和其他印刷品也要逐頁翻看呢？可能想阻止腐朽資產階級的東西在中國大眾裡傳播、破壞社會主義道德？有件事證明了這一點，與我在一起的那位義大利古董商有張報紙，上面有些裸女照，結果被沒收了。那位紐西蘭商人帶的美國雜誌也被收繳。也許還有一種簡單的原因，即海關人員對旅客帶來的一切陌生的東西好奇吧？想見識一下另一個世界的情況？

火車窗外到處是被洪水淹沒的農田，香蕉樹有半截泡在水裡。漁民用四根木棍支起魚網，然後把網固定在一根木樁上。很多只完成一半的工業設施像骷髏一樣站在那裡，黑乎乎的窗子、空洞洞的地下室。宛如大黃蜂巢的稻草掛在樹上，免遭地面洪水浸泡。僅僅過了一刻鐘，火車就停在軌道上，隨後是長久的等待。「沒電了。」擴音器裡傳來女播音員的解釋。

最後總算到了廣州。那裡正在下雨，下雨在這個季節無可厚非，但實在讓人感到壓抑！多虧建築師有按照世界建築技術規章去建造，使得這些房屋還直立在那裡，但它們也幾十年沒「見過」顏料和釘子了。骯髒的馬路、破碎的人行道，有著類人猿面孔般的苦力，他們當中有一半人赤腳，其餘的人穿著膠底拖鞋。

我此時幾乎忘記中國正處在低水準的發展階段，商店裡的商品數量少得可憐，且品質很低，街角處擠滿了人，有人從人行道上的爛菜堆裡尋找可吃的部分。這個有二百萬人口的城市，夜裡竟然沒有路燈，鐘錶店只賣鬧鐘（得夠幸運，才可以得到工作機會？）。除了開往賓館的小汽車外，看不到別的小汽車，但有成排的人力車、帶有破布篷的三輪車，和弓著脊背的男女搭來的沉重運貨車。不過讓人感到輕鬆一些的是，有幾個快樂的孩子，以及有些年長婦女戴著金耳環或鑲著大金牙。

在掛著長長竹簾的住房之間，一條狹窄的通道裡有個小巷，有很多小攤子，前面鋪一塊布，上

面擺滿小商品，有梳子、剪刀等。有幾個婦女賣菸葉和薑。稍遠處有個鞋匠，一個修雨傘的，在一個隔開的拱廊裡有很多攤位，有賣大漏斗的，有賣馬口鐵盤子的。

賓館很大，但很蕭條，幾乎沒有客人。但窗子下面就是滾滾珠江，流著黃湯似的渾濁河水，我能看到舢板上船夫搖著長長的櫓，他們在雨中駕著船，身上穿著棕櫚葉編的蓑衣。很多船上的帆已經破碎。當我後來去吃午飯時，飯廳頂上的電扇停了。服務員解釋說「是沒電了」，又補上一句「晚上會來電」，語調充滿期待。

儘管是首次訪問廣州，但我對這座城市的歷史已略知一二。一七三一年到一八三一年間，每年瑞典東印度公司的輪船都從中國購買受人喜歡的商品，茶葉、絲綢、特別是瓷器，沒有任何西方的公司像他們一樣進口那麼多瓷器。很多瓷器又轉口到歐洲。這種貿易活動是在珠江中一個叫沙面的小島上進行的，它與大陸只有一條狹窄的運河相通，是個貨物貯藏點。在一七八

○年，一幅著名的畫上有這棟美麗建築，能看到瑞典國旗自豪地在屋頂飄揚。不到二百年後，我正好在這個地區漫步，竭力想像它過去的模樣、繁忙的商業活動，太陽高照，珠江的浪花拍打著船頭，苦力用扁擔挑著茶葉和瓷器，喊著勞動歌曲，把貨物裝上船。

往上游看，又細又長的船成排靠在碼頭上。很多人住在船上，他們在上面做飯、洗衣服和教育孩子。每個棧橋都有自己的路牌。我特別好奇，從未看過這種景象，拍了幾張照片來紀念。

但我很快發現愈來愈多的人朝我湧來，他們的表情愈來愈帶有威脅性。我為什麼要在那裡拍照？我竭力解釋，說這些船很漂亮，整個環境很有吸引力，所以想拍幾張照片當作到此一遊的紀念。圍困我的人對於我的解釋並不滿意。他們叫來員警，員警問了一大串的問題。氣氛愈來愈緊張，來看熱鬧的人愈來愈多，最後有幾百人。員警說要沒收我的相機。

大家高喊：「你為什麼不拍我們新的市政府大樓？為什麼不拍我們的新公園？為什麼只拍這裡不好的環境？」

我回答，我已經拍過新的市政府大樓和公園。為使憤怒群眾平靜下來，我提到我是北京大學的留學生，並補充說家鄉瑞典的朋友既想了解舊中國也想了解新中國，我想拿一些能證明這一點的照片給他們看，所以我拍了珠江上船屋的照片。

憤怒的譴責聲漸漸平息，我的解釋奏效了。周圍的人鬆了一口氣，很多人持贊成態度。也就是說，我不是一個討厭的外國人，在這裡轉來轉去搞間諜活動，專門拍船民和中國的貧窮。我只是一個外國留學生，在中國學習中文和了解中國社會。員警祝我成功，人群散開。我保住了我的相機。

◆

雨下個不停。列車朝北京方向奔馳，我們能看到整個災情的全貌。大地一片汪洋，房子有一半浸泡在水中，火車在搖搖晃晃的鐵軌上慢慢爬行，有的地方看不到鐵軌。很多人撐著船。火車上的旅客從窗子探出頭看著災情，對自己身處安全、無水的地方感到慶幸。

火車開了幾小時後停在一個小站上。通常我都會下車活動一下身體，但在這個小站做不到。狹窄的月台上擠滿了等待上車的旅客。他們背著大包包、面無表情，如同死人一般，眼睛就像破碎的玻璃，身體消瘦彎曲。很多孩子一絲不掛、骯髒可怕，頭上長疥，蒼蠅在傷口周圍飛來飛去，肚子鼓鼓的。女人背著嬰兒坐在地上，茫然朝前看著。上衣敞開著，被孩子吸吮得乾癟的乳房像袋子一樣耷拉著。她們赤著腳，因年復一年在堅硬的土地上勞作，她們的腳很黑，上面裂著口子。她們的

腿很細，筋都露在外面。

稍後，火車停在韶關。這時候發生一件奇怪的事。月台上有個固執的人在等車。灰白的頭髮剃成平頭，他手裡拿著火車票，雙手叉腰、低著頭，好像面對著什麼大人物。

「我要去北京！要坐那邊那節車廂，我不坐這節！我不坐！不坐！」

列車員試圖攔住他，使勁拉他的胳膊，他挺直身體，試圖躺在地上。

「不過毛主席想讓你坐這節。」列車員煞有其事地高聲說。這個男人仍然不肯。他在叫喊聲中被拖進車廂，他的東西也隨他被塞進去。

有幾個人緊張地在月台上跑來跑去。

「小心點！別讓外國人看見，這裡有外國人……」

◆

通往北京的火車路途非常漫長，差不多要兩晝夜。但我很幸運，與幾個富有經驗的中年人同在一個車廂，他們知道很多中國正在發生的事情。先上來兩位海軍軍官和一位女醫生，後來又上來一位商人和一位表情嚴肅的人，後者看樣子是一位地位顯赫的官僚，接著是一位穿著綢布上衣、小巧玲瓏的女人。我藉機問了一些想知道的事，反過來他們問了我關於瑞典和西方世界的情況。

對於討論問題的底線在哪裡，我只知道個大概，但中國人知道得

很準確，他們常有切身的痛苦感受，不想自找麻煩。在場的人當中，說不定就有告密者。大家可以講一部分發生在日常生活中，很奇怪、很錯誤、很聳人聽聞的事情，還可以小心謹慎地開開玩笑，主要是一些大家都知道的明顯錯誤、在某種程度上可以被接受，或者至少不存在異議的東西。

但只有一點完全不可批評或討論，即政府對國家的領導，或共產黨和毛澤東的地位。就中國與其他世界的關係，則有條不變的原則，美國是最大的敵人。這是與所有政治相關談話的先決條件。當我小心翼翼地提出目前中國面臨物資短缺問題時，談話馬上就止住了。這個問題「不便」討論。

一個敏感問題是，大家有多敢於向別人說出自己的夢想和希望是什麼、害怕是什麼。啊，這一切都關係到人的切身利益。在與人相處時，大家面臨的主要問題是，我能夠相信誰？我敢不敢講出自己的觀點，儘管時下這個觀點不合時宜？對於現行的政治提出疑問，是否會有被告密、被譴責、被驅逐的危險？由於意識到危險性，所有談話都停留在表面而沒有深入。但漫長的旅途開啟了進一步接觸最有爭議問題的可能性。

我在中國待久了，漸漸明白一個道理，我愈表現得已經知道很多，愈能得到更多情況。「現在，我知道你對問題已經有了一定的了解，我大概可以對你多講一些。」有一次我聽到有人這樣對我說。若我直截了當提出某些有爭議的問題，一般不會得到回答或避而不談，或常會是標準的政治話術。

對我來說，這次火車上的談話極為珍貴，它使我更了解中國人生活的世界和他們的表達方式，也使旅行更加有趣。我們素不相識，甚至不知彼此姓名，大家都知道，我們永遠也不會有再見面的機會。車廂的門是關著的，但談話是公開的，要多公開有多公開。

在返回北京的火車上，我的旅伴提的第一個問題是關於瑞典普通人的工資、食品和物價。一斤豬肉多少錢？一公斤大米多少錢？

「錢夠花嗎？一位教師的工資能養活多少口人？」

「我的父親是高中老師，」我說，「我們有四個兄弟姐妹，需要的一切都不缺。我們住在一棟很好的房子裡，所有孩子都得到良好教育，有自行車、各種樂器，夏天到海濱度假，一切應有盡有。」

「怎麼會有這麼好的條件？你們的『毛』叫什麼名字？」

「我們有一個與你們不一樣的社會，」我說，「我們沒有什麼『毛』。自一九一八年到一九二一年起，男女都有選舉權，有好幾個政黨，但是自一九三二年起，其中的一個黨即社會民主黨占據主導地位，與其他的黨共同執政。我們有很長的和平時期，自一八一四年以來一直沒有戰爭。我們實行高稅制，反過來好處很多，免費上學、免費接受高等教育、公費醫療，沒有真正的窮人，也沒有特別有錢的人。總體而言是個相當平等的社會。強大而獨立的工會組織，負責與業主談判工資和勞動條件。」

大家吃驚地互相看著，自一八一四年以來從未再有過戰爭！真讓人羨慕！他們自己最近一次戰爭僅僅發生在十多年前。

「不過那個社會民主制……為什麼不實行社會主義？它可能更好一些吧？」

我盡我所能簡單地介紹了一下議會民主、不同的黨派、普選以及若政黨失去人民的信任，就會被罷免。但我還沒來得及更深入，他們就渾身緊張起來。我說的一切，都被視為對中國心懷叵測。

「當然，當然，」他們說，「不過我們早已聽厭了這類東西。你們西方人總是喋喋不休地大談這類民主！可以休矣！我們有我們已經運行幾千年的制度。我們為什麼突然會要你們的民主呢？看看美國吧，世界上最大的民主，那裡的情況多麼可怕！」

過了一段難熬的沉默後，談話繼續進行。海軍軍官們對瑞典海軍和國防有很多問題想問，但這方面我知道得很少。其中一位把手指放在我畫的歐洲草圖上，眼睛瞪著我，用威脅的口氣說，美國在台灣有基地。問我有何看法？

晚些時候，我們吃完服務員送來的午餐飯盒後睡了一會覺，接著我們又談起計劃生育，氣氛重新活絡起來。

「計劃生育的政策很好。」那位女醫生說，而男士們則有些猶豫。不過最後他們的意見一致起來，如果願意的話，已經有四、五個孩子的家庭應該理性地使用避孕工具。

「現在很好的避孕工具，適合於男女用，」那位嚴肅的官僚主義者說，「價錢都很便宜。有很多省分甚至免費向已婚者提供。不過儘管在一九五七年到一九五八年大張旗鼓地搞了一次計劃生育運動，但至今未獲得較大突破。」

「但對那些未婚生下的孩子怎麼辦？」我問。

「這種情況很少，」他們異口同聲地說，「不願意自己生孩子的夫妻可以領養他們。若沒有人想要這些孩子，地方政府要介入，辦兒童福利院。但如剛才說的，這種情況很少。」

談話突然中斷，列車女服務員進來給暖水瓶添加開水。過了一會，談話重新開始。

「若有人想離婚，他（她）該怎麼辦？」我問。氣氛又緊張起來。

「不可想像，」那位官僚主義者和女醫生異口同聲說，「若不是雙方自願是不可以的。離婚後男女雙方共同撫養孩子。」

我窮追不捨地說：「但一個在其他方面都很好的男人不再愛他的妻子、不想與她一起生活，而她又不願意離婚，那他怎麼辦？」

「那沒辦法，男人的良心壞了，喜新厭舊，」他們說，「他必須好好改造思想，對愛情不忠的人思想不好，必須要改正，要讓他明白，他犯錯誤了。」

我說：「但若妻子不想繼續他們的婚姻，而男人不同意離婚呢？」

「同一回事，也不行。一九四九年剛解放時，很多婦女提出離婚都批准了，因為她們都是包辦婚姻。但當今社會已經沒有這種事了。居民委員會的人會想方設法說服他們改變想法。唯一可接受的離婚理由是，男人確實長期虐待她和孩子。但在其他情況下單方面決定放棄婚姻不行，絕對不可以接受。」

過了一會我又換了一個話題，講我的朋友趙先生和他的妻子蘭蘭。他們都有自己感興趣的工作，收入也不錯，他在文化管理部門工作，她在北京一個大運輸公司工作。他們有個剛滿五歲的小女兒，但孩子不住在父母身邊，而是住在黑龍江姥姥家，離北京一千五百公里遠。有一次我小心翼翼地問他們為什麼這樣安排，得到的回答是，邊工作邊帶孩子太辛苦。每天工作時間很長，上下班路途很遠，長期下去不行。

我問：「但不是有幼稚園嗎？」

「當然有，」他們說，「但還是覺得時間不夠。」

「不過你們可以僱一個阿姨，」我說，「也可以管家、洗衣服和打掃衛生呀。」

「家裡有個陌生人很不自在。」趙先生和蘭蘭指著他們的家說。他們的家很小，只有一個房間。

「但是，」我問，「難道你們不會整天想念小梅嗎？我如果不能擁抱和不能與我的小寶貝玩、不聞她的頭髮、睡覺前不唱晚安曲給她聽、看著她一天天長大、變得愈來愈活潑和勇敢的話，我真要發瘋的。」

「你很了解我的夫人，」趙先生說，「知道她是一個優秀的人。現在我的岳母在教育我們的女兒，她也會長成一個同樣優秀和通情達理的人！每年春節我的岳母都會帶著小梅到北京，與我們一同過春節。去年九月她們還和我們一起過中秋節！」

「很實際，很好，」當我向車廂裡的旅伴複述完趙先生的話後，他們這樣說。「我們很多親戚和朋友都這樣做。農民當然不能這樣做，他們把孩子留在家裡，讓他們在家裡幹活。他們得擔水、在田裡拾麥穗、餵豬和帶自己的小弟弟、小妹妹。但在城裡有工作的人不能這樣做。我們無法帶孩子，只有一個孩子也不行。」

「在中國，有很多時候都是這樣，」那位女醫生說，「孩子由父母信任的人幫忙教育，比如爺爺、奶奶，姥姥、姥爺[1]，他們這樣做一點也不奇怪。大家認為這樣對孩子的成長反而更好。你們歐洲人怎麼做？有錢的人家不是要把孩子送到國際學校，以便盡可能得到良好的教育嗎？」

◆

有趣的是，今天很多中國中產階級和上層階級的家庭，常把自己的孩子送到私校去上學，有的長期住在那裡，有的每星期回家一次。後者星期六被接回家，去飯店一起吃飯，買孩子想要的東西，然後星期天再護送他們回學校。這種做法不僅被視為完全正常，還被各方認為最佳辦法。我不得不承認，我對此相當懷疑。

注釋：

1.——姥姥、姥爺，中國北方地區用來稱呼外婆、外公。

黃河岸邊的佛像、大煙囪和沙塵暴

黃河流域的古文明大地

從日本回來以後，新的學年開始了，在北大上現代漢語課，我們有了一位能幹的新老師。我的興趣與日俱增，在古琴研究會上音樂課，在中央音樂學院聽課。我對回中國感到高興，不像以前那樣對政治教條、官僚主義的固執和初期對我的監視感到恐懼。此時無論是社會還是北大都沒有變化，但隨著時間流逝，我愈來愈感到輕鬆，瞎操什麼心呀。對這個國家負責的畢竟不是我。我與北大外面新結交的朋友、溫特教授周圍那幫人、特別是古琴研究會的人經常接觸，後者讓我的生活感到輕鬆愉快。

此外，我嚮往出去多看看中國，上海、廣州之行讓我大開眼界。中國地域如此遼闊，有很多其他有趣、重要的東西值得一看。我甫到中國時，就希望能去西安看看，它是中國最古老的城市之一，

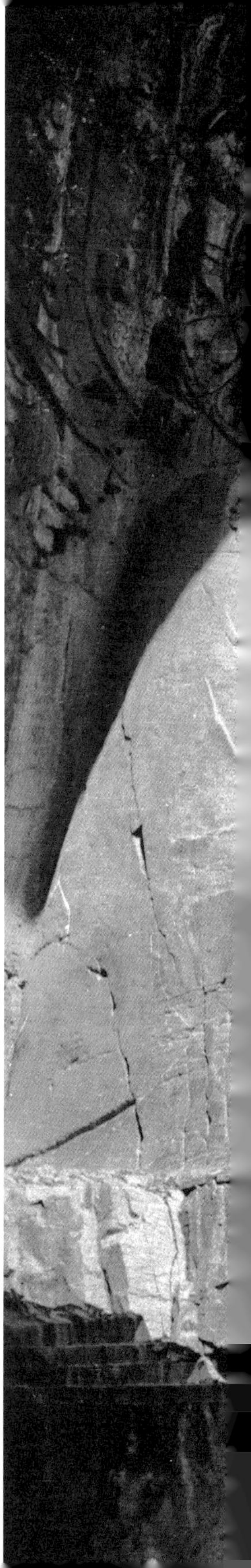

有兩千多年的歷史，是很多朝代的國都。秦始皇於公元前二二一年從那裡發兵統一了全中國，他的墳墓也在那裡。但這個地區的歷史更久遠，是中華文化的誕生地。一九五〇年代初曾對黃河大規模治理，在此發現了一百多處新石器時期的村落。證明當時的人已經定居下來，其中有公元前五千年至四千年的半坡村。我曾閱讀過一家一九五四年開館的博物館的介紹，那裡展出各種考古發現的文物，當時我多麼想一睹為快。

但西安和半坡對外國人不開放，沒有說明原因。但去鄭州、開封和洛陽則暢通無阻。

一切手續辦妥後，我便登上了列車，往緊靠黃河南岸的這幾個古老城市開去。那裡有很多過去我從書中讀過和想看的東西。火車下午四點半離開北京站，其他等級的車廂裡，擠滿了頭戴白布巾的農民、大群的孩子，和大包小包的東西。我被安排在官僚和軍官乘坐的軟臥車廂。

火車慢慢前行，經常在小站停靠，那裡有很多等待上車的旅客，他們默默地排著長隊，但一有上車的信號便迅速散開爭先上車，跟在北京坐公車一樣，儘管工作人員千方百計想維持秩序。此外，在一個月台上站著一位老人賣茶葉蛋，那是一種在茶水裡或醬油裡泡過的熟雞蛋。

村子周圍有東倒西歪的夯土牆，房子的牆一半在地下。路上有很多裝滿麻袋的兩輪車。車輪不是鐵製的，而是由圓形木架構成的，像一兩千年前很多歐洲國家的車子，由幾個男人拉著，他們上身裸露，身上的肋骨明顯鼓出。兩輪車顯得很沉重，看來要讓它們動起來，就得花上不少力氣。他們拉著車子緩慢、搖搖晃晃地從軌道旁的土路上經過，田野上綠色的莊稼與乾旱的沙土地形成鮮明對比。之後我在好幾個地方也看見幾個小孩子在拉犁。還有我到中國後，首次看見的一台小拖拉機！

天黑後，我想穿過其他等級的車廂到餐車上吃晚飯，但實在辦不到。車廂裡橫躺豎臥著很多人，走廊裡也到處是人。有抱著腦袋睡覺的，也有趴著睡的。借著火車在一個小站停下的片刻，我從月台趕忙跑過去。我點了一大碗炒麵，裡面有幾根肉絲和很多青菜。我是餐車上唯一的客人。餐桌上濕漉漉的，是火車搖晃時，從杯裡灑出來的茶水。筷子上刻著幾條引人注目的文字：「熱愛祖國！」、「熱愛和平！」、「鼓足幹勁，力爭上游！」當火車停在下一站時，我跑回自己坐的車廂。

早晨五點半，我們被列車員叫醒，火車就要過黃河了。經過十四個小時、六百五十公里的車程，我們終於到達鄭州。

根據從北京東安市場找到的一本一九二一年出版的旅遊指南，河南省立博物館收藏了很多這個地區最具歷史價值的古代都城文物。但一開始就令我大失所望。儘管這裡的文明史可追溯到公元前四千年以前（商代最早的國都亳（今河南商丘）公元前二千年就存在），但絕大多數展品都是較晚期的地圖、城市平面圖和各種的名人紀念碑之類的東西。

好幾個大廳裡陳列著一九二三年鐵路工人大罷工，和一九三八年六月初洪水期蔣介石下令炸毀鄭州至開封之間的黃河大堤，妄圖阻止日軍向中國西南地區推進的照片。

結果使洪水淹沒幾十萬平方公里的地區。據全國戰後委員會的統計資料，有二百萬人流離失所，八十萬人失去生命。這次災難迫使黃河改變河道。過去黃河是從山東半島南部入海，一九三八年改道後，入海口北移六百公里，至今沒有改變。這麼可怕的事情我在瑞典從未聽說。

博物館前的街道上有輛裝著水泥電線杆的大車，由十五至二十個男人弓著腰朝前拉著。中間有個人走在前面引路，他高聲、有節奏地喊著勞動口號，其他人用低沉、單調的聲音回應著，還沒有看見他們，就聽見他們的勞動歌聲。他們脖子上的筋緊繃著，好像隨時可能從頭上斷裂開來。髒兮兮的脊背上，汗水閃著亮光。

不遠處，一個人拉著一隻母綿羊和三隻小羊羔穿過街道，沿著破爛不堪的房屋往前走。土牆、柴草屋頂、穀堆、鐵釘釘死的窗子，屋頂上落滿厚厚的垃圾，一堆半腐朽的破籃子和鏽跡斑斑的容器。

◆

鄭州東邊不到八十公里處就是開封，也是中國最古老的城市之一，多次被立為國都，其中公元三世紀曾是魏國的首都。開封在過去幾百年間，曾是世界上最大、最發達的城市，人口達七十萬，直到一一二六年游牧民族從北方入侵，並燒毀該城為止。

不過當我來到開封時，已經沒有任何東西能使人想起它往日的輝煌。也沒有〈清明上河圖〉裡展示的非凡拱橋。一千多年前，大家從建在河上的這些橋進城。這個五公尺長的畫卷，是世界上最著名的畫作之一。畫卷上可以看到沿河兩岸和橋上熙熙攘攘的人，街上商鋪裡貨物琳琅滿目，一行用扁擔挑著沉重物品的挑夫，一排駛向市場的各類船隻，慢慢行走的駝隊，家具和瓷器店中間的私家花園。我問賓館的工作人員，沒有人知道這幅畫，他們一點也不知道這裡曾經有座橋。

不過開封是個很有趣的城市。人行道上布滿小商小販，他們在地上鋪一塊布，把自己的商品成堆放在上面。有菸葉、釘子、肥皂、青杏、針頭線腦、紅果和自製的刷子。老人像青蛙一樣盤腿而坐，吸著長菸袋鍋。一位姑娘在兩把椅子中間拉上一根繩子，把自家織的帶子和幾個粉色和綠色的胸罩掛在繩子上賣。大家坐在太陽下，周圍晾著洗過的衣服，臨時茶攤用著上頭有條藍色盤龍的五公升茶壺，幾位理髮師把自己的攤位擺在一座已廢棄的寺廟旁，附近還有一個街頭流動圖書館，擺著根據古

典作品改編的小人書和政治教化性文學作品，有張可供人坐下來閱讀的木條靠背椅。

很多這類演繹作品都出自插圖、設計和文字方面的名人之手，大大增強了純粹的民間教育，就繼承中國文化而言，這些發生在公元前四、五世紀的戰國時期故事，對於當今的政治教條主義也是有益的。這些小人書很便宜，絕大多數人都買得起，但對於赤貧者來說，還是去街頭圖書館比較好，那裡完全是免費的。幸運的人可以透過這些書學會讀書認字。

我拚死拚活地擠上當地一輛公車離開開封，駛向十七世紀的著名宮殿。因那裡有一塊雕刻著一條龍的石頭，通常被稱作「龍亭」。根據旅遊指南，這塊石頭應該在一個大廳裡。一條植有柏樹的林蔭道通向一處高地，宮殿應該坐落在那裡。但那裡光禿禿的，甚至沒多少綠色。樹木缺枝少葉，就像西班牙畫家戈雅（一七四六至一八二八年）畫裡，拿破崙戰爭慘狀中掛著人的樹木。我經過時，一個小老太太就坐在那裡摘樹葉，身邊的袋子已經快裝滿了。「你好！」她一邊對我招手一邊說。

我疲憊不堪地爬上一個山坡，又上了幾階短台階，再爬了一個五十步高的大台階（但願我沒有數錯！），最後總算來到一座廟前。閃亮的湖泊、沙丘和田野盡收眼底，令人心曠神怡，就像這座廟宇一樣。但我很快發現它已經被改成工人文化俱樂部。所有的內部陳設，如帶有雕刻的玫瑰色木製家具、鑲嵌大理石的屏風，和裝飾這座大殿的其他要素都不翼而飛。其中一個空曠的大廳裡，桌子上放著舊報紙，旁邊的一張桌子上，躺著一個呼呼大睡的人。其他的大廳空空如也，死一樣的沉靜。隨後我返回開封，在城裡散步。

當我經過時，周圍的一切都靜止了，大家站住、目不轉睛地看著我，一句話也不說。我向他們點頭問好時，沒有任何回應我的聲音。一個男人死盯住我的頭髮，他拿起自己的一把黑色梳子（曾是一把粉紅色和多齒的梳子）想借給我，我接受了。在我梳頭時，他和其他人靜靜地、聚精會神地考察我。梳完頭，我對他表示感謝，然後繼續往前走。沒有人說一句話。

市中心有一大片兩層樓房，底層敞開的大房間，白天當做商店或車間，晚上把寬大的木板門鎖起來，又變成一個家。屋頂有個陽台，木雕圍欄。有幾棟房子顯得富麗堂皇。下面看來很樸素，但上面卻講究起來，有彩繪浮雕，一隻仙鶴或翱翔在高山中的一隻蒼鷺，或一頭藍色的獅子，身上騎著一位長著捲曲頭髮的彪形大漢，獅子對著綠樹怒吼，旁邊經常帶有一排星星。

有些中年人穿得比較好，他們屬於國家幹部，面色較好，紅潤光亮。因為他們吃得好一點。原因很簡單，國家幹部的糧票和布票都多一些，他們必須保持良好的情緒，以便能在國家處於困難時，繼續支持政府，因此他們比平民百姓得到更多配額。

不過大多數人衣衫襤褸、骯髒、頭髮枯黃，兔唇的孩子流著大鼻涕，有很多孩子獨眼、牙齒稀疏或嚴重齲齒。對於被允許到這裡來，我愈來愈感到吃驚。我並不知道這些不對外國人開放的地區，竟然會是這個樣子。

但很多孩子的髮型特別有意思，我在北京偶爾看過。有些孩子的頭髮幾乎被剃掉，只留頭頂上一小塊，再把上面的頭髮編成個小辮子，像個朝天的標槍。其他的孩子梳著兩把小抓髻，像一隻怪獸的兩個犄角。還有幾個孩子，後腦勺的頭髮被剃光，剩下的頭髮像簾子般，沉重地垂在臉頰上。

我看見一群盲人跌跌撞撞地走在大街上，空洞的眼睛仰望天空。他們一起拉著一根繩子，由一個還有一點視力的人走在前面引路，他手裡拿著一個尖端帶一小塊金屬的棍子戳地。後來我又看到一群送葬的人，前面有個吹樂器的人，後來我才知道那種樂器叫嗩吶。後面是四個披麻帶孝的男人，身穿白色孝服、戴白色高帽，帽上有兩個垂下的球，手上舉著紙飾。一輛靈車跟在後面，載著一口沉重的棺材，緊緊綁在兩個木柱上，隨後是一群嚎啕大哭的女人，頭上戴著白箍。

稍遠的地方有片荒涼的沙土地，旁邊堆著煤。看得出那裡正在用磚建造一個工廠。我朝工地走去。那裡正在加緊趕工，也有我在鄭州市內聽到過的勞動歌聲，但音調不那麼沉悶傷感。我看到幾個男人似乎正在建一個煙囪，二十多個女人正合力為他們運送建材。

一個由十根粗繩固定住的木樁建構高台，它是個立足點，連接一個扇形網上一根更粗的繩子，每一個女人拉住一根繩子的繩頭，把繩子放在肩膀上，使出全身力氣把建材運上去。

她們笑著，但實際得要用很大的力氣，才能把裝滿建築材料的籮筐拉起來，呼喊勞動口號，是為了往同個方向使力。年齡大小不等的孩子和男人，站在周圍看著她們勞動。再遠一點有個近五百公尺長的婦女隊伍，在傳遞建築工程所需要的磚。

當天晚上我去看戲。風很大，去的路上我只得彎著腰走。沿街各家的窗子和門都拴上寬木板。街上行人稀少。不過我靠著牆根避風走，終於順利到達。劇場裡硬邦邦的靠背椅上，已座無虛席。

劇情是講一位漁民和他勇敢的女兒，救了一位受傷的紅軍戰士，使他免遭國民黨士兵的追殺。國民黨士兵穿著高筒靴子，神氣十足地走上舞台，又喊又叫，很像京劇裡的武將。後面跟著一個得意洋洋的「帝國主義者」，頭戴巴拿馬帽、著黑緞子襯衣，佩帶手槍。他摔摔打打，還不時地下達命令。觀眾小聲說「蔣，蔣！」經過反覆較量，當那位受傷的年輕紅軍戰士，終於把國民黨總裁蔣介石打翻在地時，劇場裡爆出熱烈掌聲。那位勇敢的姑娘抓住他的手，把他迅速拉走，一切化險為夷。

劇場外風雨大作，是從北面幾千公里遠的蘭州和沙漠地區過來的，在這裡強度大增，就像我的家鄉斯科納的暴風雪，是西北方的北冰洋那裡來的。不過這裡是掠過屋頂的黃沙，像戰車般在空中轟鳴滾動。風把關上的窗子刮得咚咚響，背景布幕不時被刮得搖搖晃晃，大家能看到舞台後面空地上放的東西。黃白細砂撒在劇中人物的身上，彷彿有人坐在高處有意為之。觀眾咳嗽、吐痰，捏著鼻子擤鼻涕，然後把鼻涕抹在靠背椅上。演出結束了，我們撣掉頭髮和衣服上的沙土，就像我們剛從風雨中走來。

這一天過去後是陰天，但天空平靜。風停了，細沙仍飄在空氣中，慢慢往下落。到處是黃沙細土。扶手、台階和窗台上，落滿厚厚的細沙。「這是春天大風暴之一。」大家這樣說。

◆

我在黃昏中抵達擁有五十萬人口的洛陽。荒涼的車站廣場上，高聲播放著西方音樂。從遠處看，筆直的林蔭道就像北京的長安街。居民區幾乎沒有燈光，也幾乎沒有人影。和人山人海的鄭州和開封相比，這裡顯得有些空蕩。

一位幹部模樣的人和一輛計程車在車站等我。我說我是一個學生，坐計程車太貴了，想改坐三

輪車。但不管用，我不由分說地被拉到一家大賓館。穿著白色工作服的服務人員列隊歡迎，周到地為我打開雙層門，大廳裡商品琳琅滿目，有高級酒、糖、絲綢和各種化妝品。餐廳空蕩冷清，不過已為我備好了有四道菜的晚餐，兩道涼菜、兩道熱菜和一個杏仁布丁甜點，對我來說盛情難卻。飯菜好吃又可口，不過量太大了。希望廚師和賓館裡其他工作人員不介意我沒吃完。再看看房間，一公尺高的軟床，人躺下會陷在裡面。厚厚的地毯，粉紅色的幃帳。第二天早上醒來時，我看到窗子下面有個美麗的花園。

我想儘快去看龍門石窟，一個離洛陽十多公里的岩洞廟宇。洞穴位於一個狹長的走廊附近，伊河經過一公里陡峭的灰黃石灰岩壁流入黃河。從河邊到山的五十公尺處山腰，鑿有窟龕和岩洞，其中一部分只有火柴盒大小，也有像房子那般高大的。裡面佛像靜坐，面對從東方升起的太陽。有些岩洞已經褪色，但佛像後面的壁畫仍然熠熠生輝。

龍門石窟始建於公元四九三年，當時洛陽已是北魏的國都，在公元六〇〇年後期達到鼎盛。但新的岩洞到公元一一〇〇年左右才建成。據說本區有一千三百五十二個岩洞，七百八十五個窟龕，四十多個雕刻佛塔，九萬二千三百〇六個造像，三千六百〇八塊碑刻題記，無疑是中國最優秀的文化景點。

那些最大的岩洞，位於離河幾十公尺高的地方。如其他地方的岩洞，最初這些岩洞上面有帶瓦的屋頂，但早已經消失。我唯一看到的是，當年石匠為了用木柱支撐屋頂，而在岩壁上鑿的方形洞。朝陽照進岩洞，光線灑在高大佛像那沉思平靜、半男半女的臉上。

奉先寺洞端坐著盧舍那佛，高七十公尺。由他的兩個弟子阿難和迦葉護衛。那裡也立著漂亮的女菩薩，佩帶華麗的首飾和高貴的鑽石。還有肌肉高高隆起的武士，身材與當代人差不多，其中一個是天王，手托一個小寶塔，腳下踩著代表邪惡的魔鬼，與基督教堂裡看到的場面很相似。

◆

對我這個不信教的人來說，早期佛教造像藝術世界裡，那些高雅虔誠的人物給了我一種深刻的印象，他們顯得那麼純潔、安靜、虛懷若谷。儘管他們很神聖，但在他們身上依然有自然的人性。他們把男與女、溫柔與力量合成一體，歷練與意識，特別是平靜在他們身上都兼而有之。不像基督教裡只有一個主宰，如由基督教演變而來的正統教派裡的萬能的主，或

一個受蹂躪而死、被釘在十字架上的犧牲者耶穌，據說他是為「我們的罪而死」。還有那位賢慧的聖母瑪麗亞，她一點也不喜歡懷上自己丈夫約瑟的孩子，而偏偏要懷上一個「聖靈」的孩子。

當接觸像龍門所展示的佛教時，我的感受是一種解脫。宗教原來可以是這樣的！但我很快認識到，佛教裡的浪漫主義形象不是它的全部，我後來在中國很多寺廟裡看到，它也混雜著暴力與瘋狂，展示了一個完全異樣的世界。很久以後我才明白，佛教也包含壓迫、仇恨和恐懼，與我們的宗教一樣。讀讀作家魯迅一九二四年創作的短篇小說《祝福》，就能明白我的意思。

在那裡轉了幾個小時後，我感到相當疲倦，想在奉先寺洞窟裡坐下來休息一下，那裡坐著盧舍那佛和他的弟子們，燕子在他們頭頂周圍嬉戲飛翔，斜陽輕輕照耀著他們慈祥的面孔。伊河一如往常靜靜地流淌。我用雙肩包當枕頭，在萬佛洞裡睡了一小時的午覺，神不知鬼不覺。幾輛大車從河對岸高聳的峭壁下嘎吱嘎吱經過時，把我吵醒了。

◆

從十九世紀後幾十年到一九三〇年代，西方文物盜竊者大肆掠奪龍門文物，他們把很多雕像整個帶走，或把它們砸碎，只帶走一大批頭像。在某些洞窟約九成都沒有頭像，站在兩頭獅子身上的大型美麗女菩薩雕像，就在阿姆斯特丹國立博物館，其他雕像出現在瑞士、日本、奧地利，和美國波士頓與舊金山等各家博物館中。出自六世紀初的兩組著名壁畫，是從賓陽洞窟被盜走的，分別典藏在紐約大都會博物館和坎薩斯城納爾遜—阿特金斯藝術博物館。中國曾多次要求收回這些文物，但至今未果。二〇〇一年春天，渥太華加拿大國民美術館主動送還中國一尊雕像，是首次有這樣的情形發生。

我在斯德哥爾摩的家裡有四尊美麗的小佛頭，是一九七〇年代在大同的一個舊貨市場的小攤子上買的，當時它們被放在一塊布上。在我家的爐台上有一個三十公分高的石灰石佛像，是幾年後在北京淘到的。我對自己也成為這種掠奪的一份子感到深深的愧疚。

當我來到洛陽時，文物盜竊者造成的破壞令人觸目驚心。但留下的一切風采依舊。我全身充滿寧靜安詳的感覺。我幾乎是那裡唯一的觀眾。少數幾個參觀者沿著洞窟旁的小路茫然地走著。除此以外，只有嘩啦啦的流水聲，看到雨燕在晴朗的天空迅速飛翔。當年我去的時候，大家想來就來、想走就走，隨便進出洞窟，不用買票。但二〇〇〇年，龍門被聯合國列為世界文化遺產，堅固的圍欄把每年幾十萬來訪者，禮貌地擋在洞窟之外。晚上喧鬧的迪斯可音樂，在平靜的洞窟上空飄蕩。

◆

我是乘一輛擠滿人的公車回洛陽的，車廂是由未油漆好的木板做的，開起來聲音很大。一個女人膝蓋上，放幾隻用繩子拴著不停咯咯叫的母雞。另一個婦女坐在走道中央給孩子餵奶，一點也不像中國人會為裸露身體而難為情。還有早些時候看到個子矮小的老太太，當時大家都規規矩矩站著

排隊等車，足足有一百人，但她突然衝到隊伍外，跑到人行道旁邊幾公尺遠的地方蹲下小便，不慌不忙，再回到剛才排隊的地方，也沒人說什麼。

位於洛陽的白馬寺，是中國北方最大的寺廟，為漢明帝於公元六十八年建造的。據史書記載，三年前這位皇帝派一個代表團赴印度取經，代表團回來時有兩位印度僧人和一匹白馬也一同前來，他們帶回很多經書和雕刻。在隨後的幾十年裡，他們把經書譯成中文，從此佛教在中國傳播，繼而傳到朝鮮和日本。最初的寺廟已不存，我參觀時看到的白馬寺是明朝時建造的，在此後的幾百年裡一直續建，它的樣子和這個時期全中國各地建造的幾千座寺廟一樣。

但是旁邊十三層二十五公尺高的齊雲寺，是名不虛傳的建築藝術傑作。這座磚塔是中國最古老、最有名的佛塔，公元一一七五年建成，儘管遭受多次破壞，經歷幾百年風風雨雨，依舊歸然不動。

屋簷下懸掛眾多小銅鈴鐺，風吹動時發出悅耳的響聲，就像宇宙裡有一群正在行走的綿羊，其中領頭羊脖子上的鈴聲。一位僧人高聲歡迎我和另外兩位參觀者。他受過高深的佛學教育，為我們講解寺廟和佛塔的歷史。進餐時僧人要排隊、誦經，形式嚴格。進餐結束時，他在漸漸低沉下去的誦經聲中離去。他穿一件柔軟的長袖棉袍，脖子上有一根藍色帶子，腳穿黃色的鞋，頭戴黑色的針織帽。

武漢花山人民公社
和株洲的船

武漢

我首次訪問上海時，看到巨型遠洋輪船從長江逆流而上，駛向八百公里以外的內陸城市武漢，那時起我一直盼望有機會造訪這座城市。本來我打算先申請到重慶，再順流而下到武漢，很想親身經歷那穿過三峽兩岸、長滿翠竹的峭壁時的戲劇性感受，尤其古琴曲《流水》對三峽有生動的描寫。這首最著名的古琴曲，也是我的老師管平湖最拿手的曲子。另一首古琴曲《欸乃》則出神入化地描寫了長江上的船夫在距離重慶最後二百公里與風浪搏鬥的情景，他們拉著縴、弓著腰一步步艱難前行。這首曲子也是我在古琴研究會通過考試時演奏的曲目之一。

不久前，一批外國記者被允許做了一次這樣的旅行，但我既非得到信任的某共產主義報紙的記者，也不是某共產主義或社會主義政黨的代表，很遺憾，「不方便」前往。但我可以去武漢。於是

我乘每週一次的快車去旅行了三十個小時。

火車路過安陽，那裡曾發現中國最古老的文字：甲骨文。一九二八年後，那裡有過多次考古發掘。我也曾申請到那裡短暫訪問，但被拒絕了。直到一九八四年，我才被允許訪問這座出土過甲骨文的城市，看看那裡的出土文物展。

這次路過只能在月台上走一走。月台上有一個小商店，出售的商品僅有六個裝零錢的錢包，六筒罐裝泡菜，七個罐裝酸黃瓜，一串綠色棉手套，兩頂紅色嬰兒帽子和幾個白色貝殼。我鎖定一頂嬰兒帽子，將來如果我生個女兒，現在買下這頂帽子有何不可呢？

武漢是由長江與漢水匯合處的三部分：漢口、漢陽和武昌組成，一九二六年以前，這是三個獨立的城市。第二次鴉片戰爭（一八五六至一八六〇年）後，漢口變成所謂的通商口岸，也是英國享有治外法權的租界地，如同西方列強在上海、廣州和一些其他城市那樣，在一八九六年至九八年的戰爭過後，法國、德國、俄國和日本也享有同等權利。

武漢位於中國的心臟，是中國最富庶、人口密度最高的地區，很快就發展成西方與中國廣大內陸地區的重要商業中心。有四十多家當時最大的進出口貿易公司迅速於此開展業務。隨著時間推移，中國的公司也迅速增加。來自歐洲和美國的不同基督教教派（絕大多數屬於新教）競相建立教堂、傳教基地、學校和醫院。

一九〇〇年前後瑞典和絕大多數歐洲國家、美國、俄國和日本，在這裡開設領事館，世界所有的大銀行都在這裡設立分行。儘管定居在此的外國人只占全市人口的一小部分，但他們有錢有權，左右著武漢的生活。市中心街道兩邊氣派十足的商店裡，來自世界各個角落的商品琳琅滿目，店主僱傭印度錫克族人當保安，這些人包著紅頭巾、全副武裝。

後來發生在中國的很多事件中，有一件意義最為重大，一九〇五年由一家比利時公司負責修建一條通向北京一千二百多公里的鐵路，使武漢成為能與上海相媲美的國際商業大都會。這項工程吸引來自全國各地的大批工人，他們也參加孫中山祕密領導的革命團體，反對清政府腐敗無能，反對歐洲列強和日本發動的侵略戰爭，特別是迫使中國在戰後支付大筆賠款。

一九一一年十月十日，革命軍奪取漢陽軍機所，漢陽是清政府四個有衛戍部隊的城市之一。他們殺死衛戍部隊士兵，起義很快蔓延全國，辛亥革命結束了中國兩千多年的帝制。一九一二年一月一日[1]中華民國宣布成立。

◆

隨後出現了十年的混亂，城市的性質改變了。經過五十年的強勢存在，西方商人結束自己的活動，關閉銀行和領事館。一九六二年時，我所看到的武漢仍是一座被遺棄的美麗西方式城市。它癱瘓了，就像天津、上海、杭州、廣州。昔日的英租界，宏偉的銀行大廈石柱間，放著大堆的煤，很多窗子被釘死，黑色的鐵皮煙囪從其他方向伸出，這可能意味著有人霸占房子，住得心安理得。這建築是某外國大公司以西方大立柱風格建造的，經理豪華辦公室旁的棕櫚樹，被弄得煙熏火燎，昔

日在建築物周圍的圍牆大部分都倒塌了。寬大的平台上，坐著幾個男人在編筐，那種大圓筐能裝很多東西，可用一根扁擔挑著。大街中心走著一隻肥大的母豬，大肚子一直耷拉到地上。看不見任何小汽車。

我聽說武漢正在建一個新的鋼廠，但蘇聯專家全部撤走後，這項工程已經停止了，怎麼續建，沒人知道。身為外國留學生的我，無論如何是不能去參觀的，但一九七八年我故地重遊時，這項工程進展得不錯。

我在遠離市中心的地方，看到了民間豐富多彩的生活。很多商店生意興隆，櫥窗裡擺著玩具、皮鞋和各種樂器。有個櫥窗裡放滿了絹花，這是中國一大特產。牙醫為了招攬顧客，在窗上直接畫上紅口白牙。還可以看到怎麼安裝金牙：可以用黃金全覆蓋，或者只在門牙周圍裝一個蛋形金套。

雖是二月初，但天氣已很暖和，房間朝大街敞開著，街頭的攤子活躍起來。成排的小攤位出售掛勾、捲髮卡、小明信片、薄馬口鐵壓製的勺子和煤油。煤油燈很小，只適合放在牆角祖宗牌位旁的檯子上。一個老頭賣自製挖耳勺，另一個人備有紙筆，準備代人寫信，還有一個人有個磅秤，收費量體重。

大攤位上擺著各種蔬菜：蘿蔔、菠菜、白蘿蔔和大塊豆腐。票證串在一根小棍上。到處散發著蔥和魚的味道。不出所料，隊伍還是排得長長的。再過兩天就到春節了。當食品售完時，一家商店附近出現了吵鬧聲，因為還有很多人沒有買到東西。店門開著，店主把兩隻手空空地放在桌上，盡力使大家平靜下來。但他們很擔心，年夜飯可怎麼做呢？

市中心有一大排帶陽台的住宅，商店的衛生水準相當高，但是我愈往裡走愈覺得不衛生。我繼續走，穿過鐵路，看到一公里接一公里迷宮似的木板房子，這種住宅的屋頂修補得鬆鬆垮垮，牆壁是葦席圍的，到處是水坑、垃圾堆和拱食的小豬。

但令人驚奇的是，這裡的生活照常進行。各家收拾得很整齊，牆上糊著報紙、貼著毛澤東的畫像，筷子放在飯桌上的筷籠裡。街上放著大而低矮的洗衣盆，女人們彎著腰在洗衣服，然後曬在竹竿上，竹竿就像從房子裡伸出來的天線。年輕姑娘們洗完頭髮沒有像往常那樣梳成辮子，而是讓頭髮飄散在背後走來走去。大家晾曬被褥，給小孩洗澡、做飯。到處能看到很多孩子幫家裡打水、打掃環境，給弟弟妹妹餵飯或跳繩。

兩個小夥子站在街中央比力氣。他們把一根繩子繞在腰上，用其中一隻手握住繩結，然後使出全身力氣使對手站不住腳跟。有的力氣大，只管拉，讓對方跌倒，或一開始使足了勁拉，再突然鬆手，讓對方翻倒在地，沿街的人爭先觀看，特別是小孩子。

貧窮但井然有序。街道委員會的牌子掛在一個低矮的房子上，井邊的一輛小車上坐著一位老者，他看著來打水的人。此外，也有公共廁所。

◆

我很關注那裡的基督教傳教士。我的外祖父母和祖父母都是虔誠的教徒，每年都捐大筆的錢給

一八九〇年建立的瑞典傳教士聯盟武昌站，終生如此。我看過由中國傳教士主持的婚禮照片，他們的活動經費是由我的外祖父母捐助的。想想看，若那裡還有傳教活動的遺跡，一定很有意思。

我沒找到瑞典傳教站，但在過去稱作漢陽市的一條泥土小街上，找到一個英國傳教站，那是一座漂亮的紅磚教堂，當時正好敲響了做聖事的鐘聲。祭壇上鋪著白布，花瓶裡插著人造花。靠右邊插著紅色國旗。至少有上百人在這裡做聖事，絕大多數人是富裕的老婦，她們穿著綢緞衣服、帶金耳環，像傳教士似的把頭髮用一根鬆緊帶紮起來，從耳朵一直垂到頸上。她們似乎經常來教堂，大家見面，坐下說說話。有幾個人異常活躍，其他人只得噓他們。最後一排有位特別虔誠的年輕婦女。聖事開始時，唱幾首動聽的聖歌，我聽出其中一首，真是令我驚奇，我曾多次跟著外祖母到赫爾辛堡的貝塔尼亞教堂去祈福，我不會唱中文詞，只小聲哼著瑞典語。很遺憾，後來牧師講的話我一個字也沒聽懂，我只得偷偷溜出去，繼續向前走。

回到賓館時，那裡聚集了很多年輕人，音樂震天響，看來是武漢大學的外國留學生被邀來這裡參加晚會。在賓館裡，我出乎意料地碰到了一位尼泊爾人，一年前他在北大與我同住一棟宿舍，一個小雞仔似的單薄男人，兩隻大眼睛，一張過早老化的臉。票已售完，但在他的安排下，我還是出席了晚會。他說他並不願意轉學到武漢大學來，不過這裡還不錯，他說的時候歎了口氣。他邀請我參觀武大，我第二天就去了。

武大校園很漂亮，就像一個療養院，或是疲憊商人們的休閒之地。裝飾著白色石柱的建築，具有古典式中西結合的風格，有高大的台階。坐落在小山上的武大風景如畫，有個小湖，視野開闊，空氣流通。按照普遍的看法，武大是全國最漂亮的大學，但走廊裡的味道卻一樣難聞，沒有人在維護。這裡的年輕外國留學生主要來自東南亞，少數來自尼泊爾，如我這位北大同學。

「這裡的房間大一些，老師好得多，」他說，「但城裡就別提了！絕對什麼都沒有！想想王府井的和平咖啡店吧，我幾乎每週都到那裡去。那麼多令人喜歡的人和姑娘！」

他說的那個地方我記得很清楚，是北京最傷風敗俗的地方。據說是員警經營的，小隔間裡有沙發和桌子，主要是印尼和東南亞國家的留學生湊在一起聚會，與那裡的姑娘們打情罵俏。那裡的霜淇淋有股發酵粉的怪味。他懷念的就是那些東西。他還要再讀四年半的師範專業。夏季平均溫度達三十度或者更高，對於這個在尼泊爾高海拔山村長大的他來說，武漢酷熱的天氣確實很難熬。

「我唯一想做的就是趕快回家。但不行。我在這裡全靠國家獎學金，已經簽了六年的合約。」

◆

距武漢市中心二十公里的花山人民公社，是允許外國留學生參觀的少數公社之一。沒有柏油公路，但一路還順暢。最後一段路要過一個長橋，橋上建有幾個亭子。村子建在一個山坡上，有各種各樣低矮的泥土舊房子，黑色的屋頂，就像行駛在波濤洶湧大海上的船，也有成排的紅磚住房。村邊有學校和一所醫院，宛如某種紀念性建築，側樓之間有座高高的台階。還有幾個社辦工廠：一個小型木工廠、一個機修廠、一個能釀六十五度白酒的酒廠，還有一個豆腐廠。

周圍山坡很矮，基本上光禿禿的，但明顯看出最近幾年種了樹，將來會形成森林或果園。村子的入口處，我看見一座紅色的凱旋門上有兩個常見的標語：「人民公社萬歲！」「共產黨萬歲！」

村長蕭雲緒（音）是個敦實的本地漢子，兩隻平滑的白手。他把我們請進村接待室，是個簡陋的草頂房子，僅有一個空蕩的房間。中間放著一張長桌子，兩盆人造花，一個毛澤東的白色塑像，一個搪瓷盤子放著兩個暖水壺和六個玻璃杯。有趣的是朝南沒有窗子。後來我發現，村子裡的其他建築也是如此，有別於中國大多數其他地方，這使我想起武漢是中國出名的「三大火爐」之一，大家千方百計躲太陽。

一如往常有客來訪時，蕭村長簡單介紹村子的基本情況。我們喝茶時，他說，一九五八年建立的這個人民公社，有一萬三千九百三十八口人，三千五百八十戶人家。平均每年有三百個孩子出生，大部分婦女在家裡生孩子，每個大隊有一個保健站，那裡的接生員和護士可提供幫助。公社有七百五十公頃可耕地，共同耕種並歸集體所有，六成農田可灌溉。有二百五十公頃土地無法耕種，希望將來能提出如何利用這些土地的計畫。勞動力分布在十七個大隊裡，就是原來同等數量的自然村，一百四十個生產小隊。儘管有嚴重的自然災害，一九五九年八十天未下雨，一九六〇年有六十天、一九六一年有二百天滴雨未下。但一九五八年以來，產量一直保持在七百萬噸的水準上。

村長解釋，產量是最重要的事情，但冬天可以捕魚和種植蔬菜，運到城裡去賣，這是過去沒有過的事，農民也開始開山生產水泥，為計畫中的新建築提供材料。兩千七百人在工廠裡幹活。公社沒有拖拉機，但有兩輛輕型貨車。

人民公社成立後，立即大舉興修灌溉系統，才能有這麼高的糧食產量。蕭村長繼續說：「此舉一大好處是，結束了過去各村間因搶水而起的衝突。另一個好處是，公社有能力投入六十萬個勞動日進行灌溉建設，從而能夠改一季收穫為兩季。過去大家都窩冬等春，春天來了再種自己的那小塊地。過去絕大多數農戶只有不到一公頃土地，比一個足球場大不了多少。如今公社社員用冬季幾個月為未來做準備，建水渠、工廠、學校和會場，社員每星期都可天天聽廣播、星期天可以看電影。」

介紹完情況後，我們在周圍轉轉。蕭村長停下腳步說：「可能你不大明白！過去我們靠天吃飯，但現在不同了！四個大水塘，六個抽水站，連著超十三公里長的電線和二十五公里長的灌溉渠和防護堤。沒有人民公社永遠無法做到這一點。」他說的時候顯得很自豪。

學校同樣令他感到自豪，有六所小學，學生八百人、老師三十二名，每個孩子至少接受十二年的教育。所有的孩子都上了小學，六百個孩子在上六年制的中學，三十個孩子已被送到武漢接受更高的教育。國家為六所學校中的四所和一家醫院提供經費。目前醫院有二十個床位、六名醫生和十二名護士。社員可以得到免費醫療。國家還投入大筆的錢擴大建設灌溉設施。

「基礎是打好了，」蕭村長滿意地笑了，「現在僅是繼續前進。」

在炎熱的夏季裡，男女都要參加種植糧食和蔬菜的勞動。四月初到八月底，若沒有祖母或外祖母在家照顧，小孩子白天上幼稚園。公社裡有一百三十個大食堂，是為了使婦女擺脫照顧孩子和做飯的煩惱，進而全身心投入農業生產。其餘半年時間大家在自己家裡吃飯。

公社的收入主要來自向國家售糧、向武漢售蔬菜、石灰石和水泥獲得。百分之七十的收入，以糧食的形式分給社員，百分之十五用於種子、修繕和防病蟲害，百分之九付農業稅，百分之二用於農業基金。剩下的百分之一備荒用。

分得糧食的數量取決於勞動的數量和輕重程度。平均每人十五公斤，但從事重體力勞動的可分到二十五公斤。孩子和老人按年齡大小分，從十至二十公斤不等。除非有重大節日，公社不提供肉，但最近所有家庭都得到一小塊自留地，約有六十平方公尺，可以種菜、養雞鴨。個人和生產隊也養了一頭小豬。

一開始公社擁有所有的土地，但一九五八年大躍進帶來的困局，決定大家可以擁有一小塊自留地。若生產的東西自用有餘，也可以把部分交給公社，換回膠鞋、洗臉盆、內衣、菸和其他供不應求的商品。也可用買的，但要有足夠的錢和購物券。

當時沒有人會想到，這些措施只實行幾年就停止了。當一九六六年文化大革命爆發時，就猛烈批判農民自留地的「修正主義」政策，宣導這項政策的國家主席劉少奇遭到嚴厲批判並被廢黜。幾年後他死在獄中。

村長讓我們到他家喝茶，結束了散步。村長家裡打掃得乾乾淨淨，一切都散發著清新的香味。房子中央的大房間裡，已為除夕年夜飯做好準備。吃飯的筷子已經擺在方桌上。有所有家庭成員和親屬名字的全家福照片放在櫃子上，紅蠟燭已經插好，有個舊香爐，但是沒有香。牆上掛著一幅宣傳畫，一台拖拉機周圍有五個胖娃娃，上面掛著「躍進號」的牌子。還掛著一個紅紙的新春裝飾物，上面寫著字，大意是拜天地祭祖先。門外灶台兩側貼著長長的紅對聯，上聯是「上天言好事」，下

跨上拖拉机 歌唱大跃进
跃进号

聯是「下界保平安」。左邊也有一間臥室，床上掛著蚊帳，還有一個竹編的嬰兒搖籃。右邊是廚房和儲藏室。

我們參觀的第二家是生產隊長家，是一個高個子的漢子，滿手的繭子，很明顯他長期幹農活。他家和村長家差不多，但我發現牆角停著一口大棺材，上面蓋著東西，牆邊的靠背椅上坐著他年邁的父母，等著使用這口棺材的那天到來。門口紅對聯寫著：「努力生產，提高產量」和「年年有餘」。

◆

我受到鼓舞，同時也帶著思考返回武漢。花山公社清楚顯示了傲人的成績，特別是調動原來十七個自然村的勞動力，投入大規模的水利設施建設，這很有意義。但若沒有國家大量資金的投入，供應四所學校、一家醫院、大隊保健站，特別是灌溉設施，是不可能取得巨大成就的。全國那麼多公社，有可能都得到、或大體上得到國家那麼慷慨的資金支持嗎？國家的財政能承擔嗎？

建立人民公社和隨後開展的大躍進運動的主要目的是，希望很快增加生活必需品的生產，以便調動各種資源儘快實現國家工業化。因此想藉由貼補不足資金，以調動農村千千萬萬閒置的勞動力。但除了少數幾個像花山這樣的人民公社，此舉很遺憾地造成全面災難，以致於花費了幾十年時間才恢復元氣。

但那種大食堂後果怎麼樣呢？難道真像經常出現在西方報刊上，關於中國農村聳人聽聞的描述嗎？我是在冬春交替之際、農忙開始時來到花山的，大家都在家裡吃飯。大食堂一點也不像我想的那樣。但看過了中國家庭糟糕的廚房，看過了災難性的爐子，大家用玉米葉、小木棍和拾來的秸稈，或自製的煤餅來燒爐子，看過了擔水洗碗、洗澡和洗衣服的問題，我了解到，最原始的中國家務勞動浪費了多少中國婦女勞動力！在過渡時期，實現做飯合理化可能是個聰明的決定，讓公社的婦女勞動力投入夏季那半年以改善農業生產，這不是對公社所有成員都是重要貢獻嗎？

我還記得廚房裡那個黑黑的燒木柴的爐子，日夜都得燒著熱水，要用它來做飯、燒洗衣服和擦東西。瑞典的這個問題，是透過國家富強慢慢解決的，有錢了就有可能使大部分家庭搬進福利設施完善的住宅，有洗澡間，也有爐灶和冰箱，儘管都很小。記得我們家一九四〇年代的冰箱，只能裝下六個人需要的牛奶、雞蛋和奶油，後來有了冷凍庫和即食品，甚至可以透過網路把預訂的飯盒和點的菜送到家裡。

一九三〇年代，很多瑞典家庭開始搬到經常被稱作「私人合作社」或「家庭旅館」的地方，平時大家吃大食堂，自己每月可以參加一次為大家做飯。這是一種簡化日常生活、減輕職業女性的負擔的一種簡單辦法。但若在共產主義中國做這種事，會被西方媒體再次攻擊成共產黨的不人道和令人厭惡。

為抵制這種負面形象，一九七〇年代，中國邀請一大批外國文化人士到中國訪問，想讓他們看看中國取得的巨大成就，像是農業領域，他們對花山公社、北京郊區的四季青公社的參訪，使很多來訪的西方人士信服，並對中國的發展寄予厚望。

一九七八年，作家拉士·古斯塔夫松在中國進行三週長途旅行後，寫了一本很有激情的書《中國的秋天》，其中就有對上海郊區馬陸公社的描寫：「在世界的一個極小的地方，大家在那裡過著幾乎可以稱之為幸福的生活，繁重的勞動但平靜、沒有經濟方面的困擾，與其他人和睦相處，若你們想過一種『超俗』的生活，即周圍是動植物和自己親手勞動的成果，那就到從事農業生產的中國人民公社去。」

對，可能吧。不過只能到政府能夠資助的少數地方。其他的公社，對不起，只能被晾在一邊，沒有人管。就在古斯塔夫松的書出版後一年，人民公社解散了，全新的家庭聯產承包制度取而代之[2]，實際上就是獨自努力。

◆

整個除夕夜，武漢的大街小巷異常喧鬧。無論走到哪裡，都能看到成群的孩子，有時好幾百，沿著街巷互相追逐，在瘋鬧、歡叫聲中扔鞭炮。不分晝夜地玩到黎明，當我早晨醒來時，還在喧鬧。刺耳的警笛聲和哨子聲不絕於耳。午夜十二點的鐘聲已經沒有什麼意義，不過當太陽真正升起時，除夕夜才算真正過去，新的一年開始了，鞭炮聲驅走一切邪惡。對我來講非常新奇，但孩子們至少每年都是用這種方式度過一晚。

長春觀坐落在雙峰南麓的台地上。斗拱飛簷、樑柱欄板，一排一排的屋脊就像黑色的魚翅。上香者眾多，濃烈的香味嗆人難忍，我流著眼淚被迫迅速走了出來。不過我還是看到了牆邊的聖人們。半公尺高的半身塑像上，覆蓋著深紅色的金箔，他們慈眉善目、形態各異。名詩人黑色帽子上的花翎定格在雕版上，其他的人手拿書卷，有一個人牽著一隻小狗。很多人清靜無為，離境坐忘，有的低著頭，臉像一個白月亮，沉默地照耀著衣服的皺褶。住持的鬍鬚像一塊護胸罩。不像經常在佛教寺廟裡看到十八羅漢的那種好色、得意忘形或優柔寡斷，道觀裡的人物多是低頭思考。他們面前是紅色香爐，香煙繚繞。

我在一個廂房裡，看到一個家庭請求占卜未來，大年初一很適合占卜。法師身著藍色道袍筆直站著，捲上頭頂的頭髮垂到頸上，戴一頂黑色綢緞帽子，像一個做蛋糕的空模子，鬍子長而稀疏。老太太在籤筒前彎下腰抽一根籤，緊張地等待法師把兩個木片投在地上，它們將顯示出她的未來。但投錯了兩次，老太太只得再抽一次。兩塊木片嘩啦一聲落在地上，法師看上面的字，一位助手遞過來一張白紙，上面寫著預言。然後輪到她兒子抽籤。

隔壁是醫生的診間，據說醫生就在旁邊那間房子裡坐禪。他的助手正坐著用一個棕色大瓷碗吃早飯。牆邊是醫王們[3]的雕像，最初是他們知道有了病該怎麼治療。牆上掛著一張針灸圖，碗裡放著草藥和一塊刮痧用的石頭。

這時我想起了杭州那兩位道姑。她們今天是否也對接待眾多參訪者感到高興呢？

坐火車回北京要在株洲轉車。我對這個城市一無所知。但不論是我還是其他古琴演奏家，都知道著名的湘江就從這裡經過，那首最著名的古琴曲就是描寫湘江的。這意味著我要在株洲待上一整天，因此我漫無目的地轉了一圈。儘管株洲離長沙不到五十公里，當年和現在它都是中國最大的鐵路樞紐，有五十萬人口，但它還是比我在其他地方看到的城市更落後。低矮的房屋比草棚好不了多少，一個簡單的木板骨架、草頂和葦席牆壁。潮氣形成的水從屋頂和窗子往下流，看起來好像房子站在那裡為無人修理而哭泣。青黴沿著牆壁爬。沒有窗子，但有木條門，白天屋子對著大街敞開，裡面的東西一目了然：一張桌子，一張帶蚊帳的床，一台竹製紡車，牆上糊著舊報紙，必不可少的毛主席畫像。薄薄的鐵皮煙囪不知從牆壁的什麼地方伸出來。

街當中有一條很窄的石板小路，周圍是汙泥和水坑，一下雨就積滿水，有半年都是這樣。到處是垃圾堆、拱食吃的小豬和眾多的飢瘦、疲倦、緊繃著臉的人，穿著帶補丁的衣服，大多數赤腳。但很多小孩子的帽子上繡著老虎或各種昆蟲，帶著有銀鈴的腳鍊，這是此地住著船民的標誌。

在一條街的商店前面，購物的人排了幾百公尺長，等著買棉布。充滿期待的顧客半小時前就準備好了購物證和錢，希望能輪到自己買上那每年三尺的棉布。

我轉了幾個小時後路過一個地方，有個小老太太坐在牆根底下的小凳子上，有雙纏得很小很小的腳。她的黑色絲綢帽子中央，有塊很薄的青玉閃閃發亮。我停下腳步問，這裡離有名的湘江還有多遠，我想到那裡看一看。詩人歌頌從原野升騰的雲霧，那是太陽升起照射在江面上形成的。她感到很驚奇，若我是她，看見一個年輕的外國女人，留著長長的頭髮、高鼻子、綠眼睛，就像一個魔鬼走過來問路，我也會感到驚奇。不過她還是很友善地為我指路，她坐著用手比劃著，免得我走錯方向。

經過我來時到達的那個火車站時，很多員警和全副武裝的士兵都在那裡站崗。我數了數有九個，其中兩個帶著衝鋒槍，兩個拿著上刺刀的步槍。在旁邊那張巨大的宣傳畫上，大家可以看到那個可惡的美帝國主義份子竭力想霸占地球，手裡拿著一顆原子彈威脅。

這使我想起，所有火車站都有手持衝鋒槍的士兵站崗，在道路的柵欄旁，在候車室，在長途汽車站。起初還以為是因為春節才有士兵執勤，後來我才知道，不是這個原因。去年中國很多地方都出現了騷亂和起義，其中古城西安地區的鐵路被炸毀，火車被洗劫。現在處於高度戒備狀態。

我漸漸離開城市，沿著地勢高的土路前行，兩邊是農田和似乎無法耕種的乾旱土地，後來我總算看到了湘江，波光粼粼地流著。

透過雲霧，能看到藍天下船高高的桅杆，高高的風帆裂著口子，光亮的漁船互相緊靠在一起，把影子投向河裡。有人在石頭岸邊清理魚網，有人在不遠處的河邊高地上開闢出一塊菜園，種著成行的蔥、白菜和我看過個頭最大的甜菜，以及其他一些我叫不上名字的品種。大家自古以來用「魚米之鄉」來形容這個富饒的地區。

修長的船隻、明亮的陽光、味道芬芳的河水，特別是身處中國最富傳奇色彩和被人不斷謳歌的地區，令我心曠神怡。

◆

當我回到北京向古琴研究會的老師王迪講述在株洲的經歷時，她邊微笑邊說，我現在大概成熟了，可以全身心投入《瀟湘水雲》的古琴曲演奏，它展現的就是同一地區的風情，不過九嶷山在南邊一百公里的地方。據說，傳奇的舜帝被埋葬在那裡，因此被認為象徵著中國。它是古琴音樂最核心的曲目之一。我彈奏時，湘江好像自始至終都在眼前，在腳下波光粼粼地流淌著。

這首古琴曲出自著名的古琴演奏家郭楚旺（一一九〇至一二六〇年）之手，當時建立的「大金」國占領了中國大部分地區。北宋首都開封於一一二六年被全部燒光，皇帝和他的家人，三千餘人都被擄到東北方，永遠不得返回。百姓能做的就是流亡。

當郭楚旺啟程訪問九嶷山和著名的瀟水和湘水時，看到整個大地籠罩著濃密的雲和霧。他認為這是國家遭難的象徵，就這樣他寫出了自己的作品，一四二五年收入古琴曲譜大全。

我乘夜班火車返回北京時，與幾位醫生同在一個車廂，其中一位無比溫和與沉靜。在我們談到我在武漢和株洲的所見所聞時，他灰白的臉在半明半暗裡閃閃發亮。「中國目前處在一種深深的悲劇狀態下，」他說，「國家全面癱瘓，在可望的將來，沒有解決我們災難問題的辦法。可能很久之後，中國才能變成我們夢想的那種國家。不要把我們與今天的歐洲相比，你一定要把我們的情況與你們五十年前、一百年前、甚至幾百年前相比！現在還不到評比的時候。」

歷史的反光鏡上明顯地顯示，變化如此之快超乎任何人的想像。今日的株洲已是一個高科技和工業化中心，世界首輛油電混合車誕生在這裡，此外還是節能項目的先鋒城市。這個地區的農業產量是中國最高的。最近三十年的變化全面改變了人民的生存條件。株洲市區有近一百萬人口，加上周邊農村，湘江河畔地區有近四百萬。

我不知道昔日細長的船還有嗎？

注釋：

1. —— 原文寫一九一二年二月十二日，此為清末世皇帝溥儀退位時間。
2. —— 家庭聯產承包制是指農民承包國家的土地，雙方訂立合同，規定農民將相當數量的農產品上繳給國家後，其他的餘糧則由農民自由處理，可在自由市場出售。
3. —— 醫王在傳統上指三皇：伏羲氏、神農氏、軒轅氏（黃帝）。

一九六二年之後，台灣與中國

一九六三年秋，我和我當年的丈夫意外地接到台灣政府發出的邀請，到台灣作長達一個月的訪問，以便能實地了解台灣。當時我們剛剛結束一九六一至一九六二年在北京大學度過的兩年留學生活，並在隨後的半年裡自己開車在印度旅行，繼而開車通過阿富汗、伊朗、土耳其和希臘回到瑞典，整段旅行緊張又有趣。

與我們離開中國有關的一件事是，我們把介紹中國令人傷心狀況的系列文章寄給了瑞典最大的報紙《每日新聞》，內容都是我們的親身經歷，後來我們又把文章的版權賣給很多其他國家的報紙，其中有《華盛頓郵報》、《世界報》和《衛報》。台灣政府也對此感興趣，所以對我們發出這次邀請。

台灣之行是一次震撼人心的經歷。我看到的事實與我在中華人民共和國的那個悲慘世界剛好相反。那個時候——就是我的書裡所寫的年代——大陸占據主導地位的是沉重的政治壓迫、接連不斷的政治運動、因某種對政府的政策產生懷疑而造成的驚恐和迫害。

相反，我在台灣看到的是有著現代經濟生活的一個穩定的社會。城市整潔，街道兩邊的店鋪商品琳琅滿目，餐館提供可口的飯菜。土地改革近期已經使近半數佃農變成自耕農，此舉促進農業產量增加、民生改善。

文化部為我安排了很多日程，會見政府領導人和一部分作家與畫家。參觀台中、台南、高雄，還有風景秀麗的高山茶園。烏龍茶很誘人。

同時我多次驚歎和懷疑，自己是否走錯了地方，是否又回到了大陸：腰間繫著裝有臉盆和搪瓷缸子袋子的士兵列隊而過，一長串的三輪車鈴聲不絕於耳，跟大陸的大街完全一樣。台北公園擴音器傳出同樣刺耳的廣播體操音樂聲，房屋的牆上貼著同樣的紅色政治口號，同樣懷有仇恨的政治言詞，當然敵人不再是美國或者蘇聯，而是中華人民共和國。形式一樣，只是內容不一樣。

我對台灣情況了解得愈多，我的懷疑愈大。區區彈丸小島——僅僅是中華人民共和國的二百六十分之一——在聯合國和聯合國安理會卻代表中國，得到美國和五十七個世界其他國家的承認，擁有軍隊的數量是英國的兩倍。軍隊吞噬了國家預算的百分之八十，得到美國強有力的財政支持。軍隊人數達六十八萬——占成年人百分之二十，隨時準備投入收復大陸的戰鬥，或者防禦來自大陸那個可怕政權的可能進攻。一直處於軍事戒嚴狀態。

最讓我感到不可思議的，是在我一九六三冬天至一九六四年的訪問期間，正在召開的所謂「國民代表大會」。在美國的幫助下，來自中國各個選區的「國大代表」仍然坐在那裡開會，認為自己仍然是已經失去聯繫十五年之久的人民的代表，儘管他們在一九四九年中華人民共和國成立時已經完全失去了在大陸的代表資格。它甚至還有前中國省份外蒙古的代表，而外蒙古早在一九二四年就成了獨立國家，自一九六一年起還是聯合國成員國。

我在我的這部作品裡描述了中華人民共和國一九五八年大躍進以後的現實。對自己的人民來說這是一個極為可怕的時期，有三四千萬人被餓死——直到幾十年後大家才了解到這個情況。

在中華人民共和國自己發行的報紙上當然沒有對這場災難的描寫，但是在我訪台期間每天都可以讀到台灣報紙對大陸令人絕望形勢的報導，大陸人賣兒賣女，以便能在黑市上買糧食充飢，還有些人為了活命吃人肉，而占據統治地位的共產黨精英則花天酒地。對大陸的仇恨充斥報紙和廣播節目。每次放映電影之前，都會告訴人民有空襲的時候如何離開電影院到安全地方去躲避——儘管台灣從來沒有遭到過這類攻擊。

由於一九四九年共產黨人奪取了政權，當時有大約一百五十萬人離開中國大陸，落腳台灣。很快地，他們在九百萬原居民當中，占據軍事和政治上的主導地位。我見過如今在台灣安居樂業的老人，他們對此感到很慶幸。但是我在訪問中留下一個深刻的印象，即這些外鄉人有著很重的失落感，他們很難適應這塊新土地上的生活。他們夢想著有朝一日返回大陸，但他們夢想的生活已經不復存在。

很多年輕人則夢想著到美國去。在一次參觀台灣國立大學時，我見過的一位教授說，一九六二年畢業的大學生一共有二六〇九人，百分之四十的人去了美國。而在近幾十年離開台灣的年輕人中僅有百分之七返回台灣。

負責文化事務的代表在多處場合的講話中強調，中華民國政府才是中國傳統文化傳承的真正保證，大陸的共產黨人會按照自己的政治觀點徹底根除傳統文化。對此，我也感到困惑。

離開中國移居台灣的作家講述了自己的孤獨。誠然他們有著比大陸更大的創作自由，但是他們感到自己失去了與中國文化的聯繫，他們如同在一個空房子裡進行創作，身為作家他們無法養活自己。他們說，他們的書無法在台灣出版，絕大多數台灣讀者僅對簡單的娛樂性文學感興趣，外國作家裡，主要對美國作家感興趣——海明威是最愛。

一位畫家說，在他近期舉辦的幾次畫展中，他的傳統國畫連一張也沒有賣出去。大家都專注美國和其他西方國家的文化，從它們那裡獲取靈感。

因為我在中華人民共和國的兩年是研究中國經典樂器古琴，所以我希望在訪台期間有機會會見幾位古琴演奏家，但不可能。文化機關唯一能找到的古琴演奏家是一位風燭殘年的老人，他躺在醫院裡。傳統的中國文化很難在台灣找到新的土壤。

當年在中國大陸，京劇仍然是一般人最喜歡的藝術形式。六〇年代的北京每天晚上都有十幾齣高品質的劇碼在劇院演出，大家可以自由挑選——場場爆滿——觀眾小聲地跟著曲調哼唱，還一邊抽菸、嗑瓜子、往地板上吐痰。城市和鄉村到處都有巡迴演出。在台灣，中國傳統的歌劇和話劇難覓蹤影，但是可以看到西洋喜劇。台灣的戲曲學校與其說是培養音樂家不如說是培養雜技演員，每個月舉辦一兩場學生演出。這就是全部。台灣人進電影院看美國電影。

這一切給了我對台灣的混合印象。我確實無法判斷那裡將來會如何發展。

◆

在中國留學兩年以後，又足足過了十年我才得以重返故地，那是一九七三年的冬季。我逗留了一個月，從北方的北京出發到南方的南京、上海、蘇州和廣州旅行，每天的參觀學習和會見都安排得滿滿的。十年過去了，但變化不大。吃飯問題有所改善，但對知識份子的壓迫、迫害和他們的恐懼依然如舊。

我在北京大學和古琴研究會的老朋友在文化大革命中被驅趕到農村，接受「貧下中農的再教育」——當時就是這麼說的，直到七〇年代末文化大革命結束他們才回來。各個大學仍然關閉，但是小學、幼稚園和醫院恢復正常了——文化大革命初年最瘋狂的運動平息下來。但是全國仍然是萬馬齊喑。所有的人都在等待，等待。沒有人知道會發生什麼。

一九七六年毛澤東死了。鄧小平接管了權力，堅定地開創了一種新的經濟政策。過了很長時間才確實出現飛速發展。我每一次故地重遊——從一九七三年開始每年至少一次——都驚奇地發現新氣象。一九七八和一九七九年我在北京住了很長時間，我是受瑞典電視台的派遣拍攝有關中國日常生活的電視節目。我訪問學校、家庭、城市和各地的村莊。一切都比六〇年代初明顯好轉，但是直到一九九〇年代才看到實實在在的改變。此後一切神速變化。

早在一九七一年中華人民共和國接替了台灣在聯合國和聯合國安理會的席位，繼而又進入世貿組織和很多其他重大國際組織，政治影響與日俱增。經濟方面，中國超過日本，而且隨時可能超過美國。有將近五億人擺脫了深度貧困，至少有三億人進入中產階級。但是某種民主卻不見蹤影，對人權的尊重還很有限。

一九七六年毛澤東的去世導致中華人民共和國的新發展，同樣地，台灣也發生了類似的事情。國家和國民黨的領導人蔣介石去世，國家逐漸開始民主化。國人有可能參與國家的領導，一九八六年民進黨誕生，第二年實行了差不多四十年之久的戒嚴令終止了。

直到二〇〇六年我的書《漢字的故事》中譯本在台灣出版我才再度訪台，此後我每次來台都跟出版我的書和參加學術研討會有關，而我馬上就有重回故地的感覺。

當然台灣也有很多新的變化——在強大的經濟實力的支撐下，各種文化繁榮興盛，在台北大街上成群結隊的輕型摩托車代替了昔日的三輪車——生活水準迅速提高了，但是談話、交往和行為準則依舊，很容易與人親近。當然還有美食！

兩個政權目前有大宗貿易往來，中國的迅速發展和生產的低成本吸引台灣的廠家把生產轉移到大陸。如今至少有一百萬台灣人在大陸工作，特別在上海和南方的沿海城市，很多台灣人還在那裡買了度假的別墅。

但是中華民國和中華人民共和國之間的根本矛盾仍然沒有解決。自一九四九年決裂以後，雙方都堅持認為只要一個中國，美國和世界其他國家都認同這一點。但是二〇〇〇年台灣的國民黨在五十多年後第一次在普選中失去政權，民進黨要求從中華人民共和國獨立出去。此後對於如何處理與中華人民共和國的關係有完全不同看法的台灣各政黨之間的鬥爭仍然在繼續——一個國家還是兩個？

我感到自己擁有不少特權，在長達五十年的漫長歲月裡能近距離關注兩個國家的發展，我深深地感謝在這鴻溝兩邊的親密朋友，他們慷慨地讓我分享他們的經驗，幫助我更好地理解各種事態的發展變化。

林西莉　二〇一七年六月

譯者後記

本書作者林西莉女士一九六一年來華進入北京大學學習漢語，後來又師從古琴專家王迪女士學習古琴演奏。我同年考進北京外國語學院（今北京外國語大學）瑞典語專業。雖然不是同一所學校，但是兩間學校相距不遠。當年外語學院西院設有外國留學生部，大部分外國留學生來華以後先要在那裡學習一兩年漢語，然後再分到其他院校學習專業課程。我在外語學院學生會工作過一段時間，對於我校和其他院校的外國留學生的情況有所了解，書中描寫的留學生生活也不陌生。我在高年級和畢業以後多次為外賓參觀訪問當翻譯，書裡寫的一部分內容我自己翻譯過很多遍。當年我們對外國留學生和他們對我們的了解都很少，現在看來溝通也不夠。讀者不難發現書中有些誤解，特別是作者聽來的事情。但是通過學習、交友、參觀、旅遊，作者不顧一切地愛上了中國、愛上了中國文化，為中國和瑞典兩國的文化交流做出了突出貢獻。

林西莉的三部主要作品《漢字的故事》、《古琴》和《另一個世界》都是講中國文化、中國故事，而且三部作品在瑞典都獲得文學大獎，這不能不說是一個奇跡。我衷心向林西莉女士表示祝賀，也期盼她有更多更好的作品問世！

李之義　二〇一六年六月一日

作者簡介

林西莉，一九三二年生，是瑞典最傑出的「中國通」之一。一九五〇年代在斯德哥爾摩大學學習文學史、藝術史、歷史和北歐國家語言，一九六一年至一九六二年在北京學習漢語和古琴音樂。此後多次訪問中國，她在自己的書中、在報刊發表的文章中、在電視節目裡廣泛介紹中國文化和社會情況。一九七一年她把漢語作為第三種外語引進瑞典的高中課程。一九八九年她被授予名譽教授，二〇〇九年被授予斯德哥爾摩大學名譽博士。她的《漢字的故事》（一九八九）和《古琴》（二〇〇六）雙雙獲得奧古斯特獎，《另一個世界》（二〇一五）獲得謝爾格倫獎，在國際上引起很大關注。

En annan värld: Minnen från Kina 1961–62

First published by Albert Bonniers Förlag, Stockholm, Sweden
Published in the Chinese complex characters language by arrangement with Bonnier Right, Stockholm, Sweden and The Grayhawk Agency

貓頭鷹書房　　ISBN 978-986-262-329-9
《另一個世界——瑞典漢學家林西莉眼中的中國 1961-1962》
作　　者　　林西莉
譯　　者　　李之義
選書責編　　張瑞芳
協力編輯　　曾時君
校　　對　　魏秋綢
美術設計　　黃子欽
總 編 輯　　謝宜英
行銷業務　　張庭華　鄭詠文
出 版 者　　貓頭鷹出版
發 行 人　　凃玉雲
發　　行　　英屬蓋曼群島商家庭傳媒股份有限公司城邦分公司
　　　　　　104 台北市中山區民生東路二段 141 號 11 樓

劃撥帳號 19863813　戶名：書虫股份有限公司
城邦讀書花園：www.cite.com.tw
購書服務信箱：service@readingclub.com.tw
24 小時傳真專線：02-25001990 ～ 1
香港發行所　城邦（香港）出版集團／電話：852-25086231 ／傳真：852-25789337
馬新發行所　城邦（馬新）出版集團／電話：603-90563833 ／傳真：603-90562833
印製廠　中原造像股份有限公司

初　　版　　2017 年 7 月
定　　價　　新台幣 750 元／港幣 250 元

【大量採購　請洽專線】02-2500-1919
讀者意見信箱　owl@cph.com.tw
貓頭鷹知識網　http://www.owls.tw

國家圖書館出版品預行編目 (CIP) 資料

另一個世界：瑞典漢學家林西莉眼中的中國 1961-1962 / 林西莉著；李之義譯 . -- 初版 . -- 臺北市：貓頭鷹出版：家庭傳媒城邦分公司發行，2017.07　面；　公分 . -- (貓頭鷹書房)
譯自：En annan värld : minnen från Kina 1961-62
ISBN 978-986-262-329-9(精裝)
1. 中國史 2. 社會生活 3. 二十世紀
628.74　　106006614

户口簿
北京市公安局
农村是一个
广阔的天地
在那里是可以大有作为的

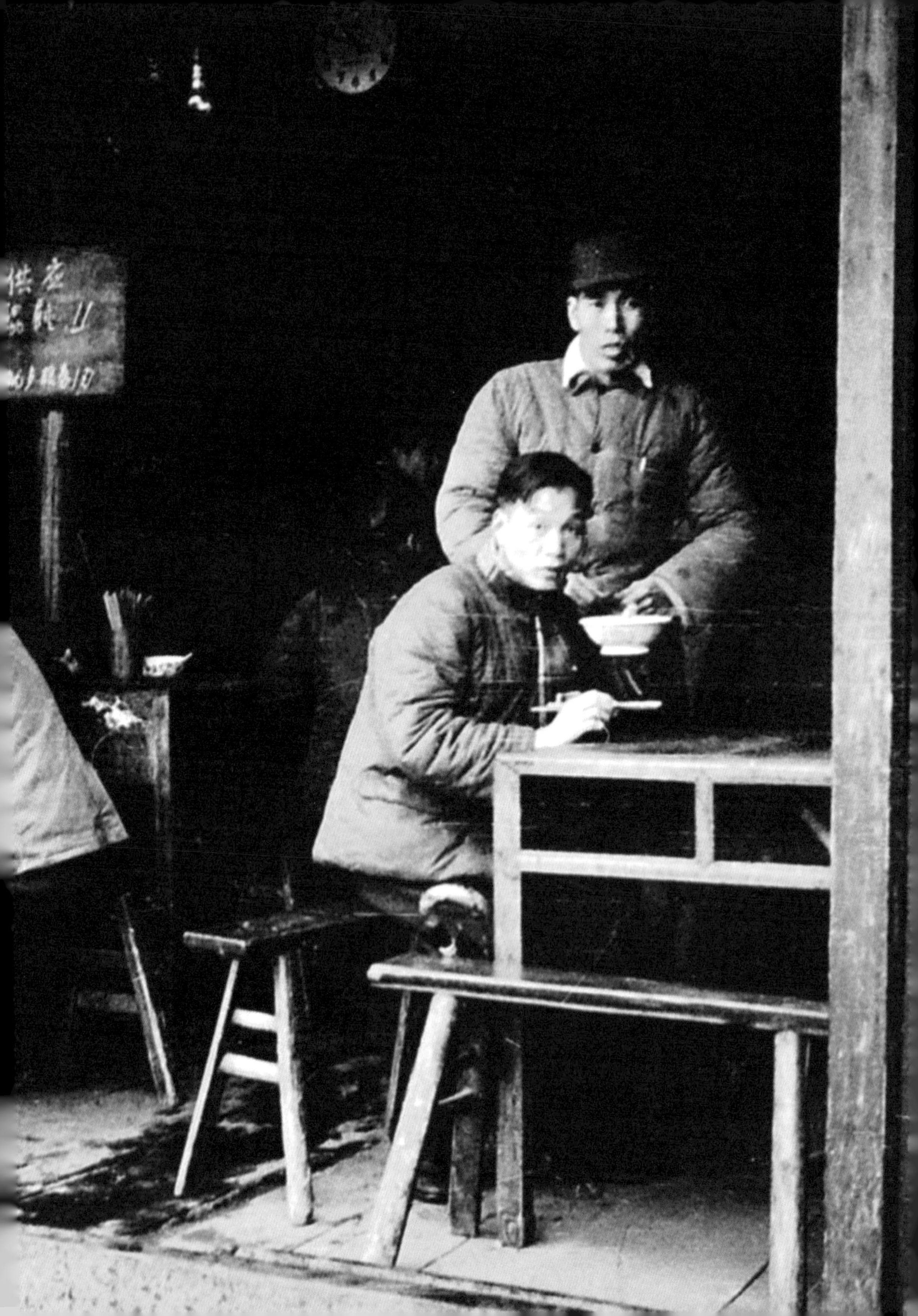

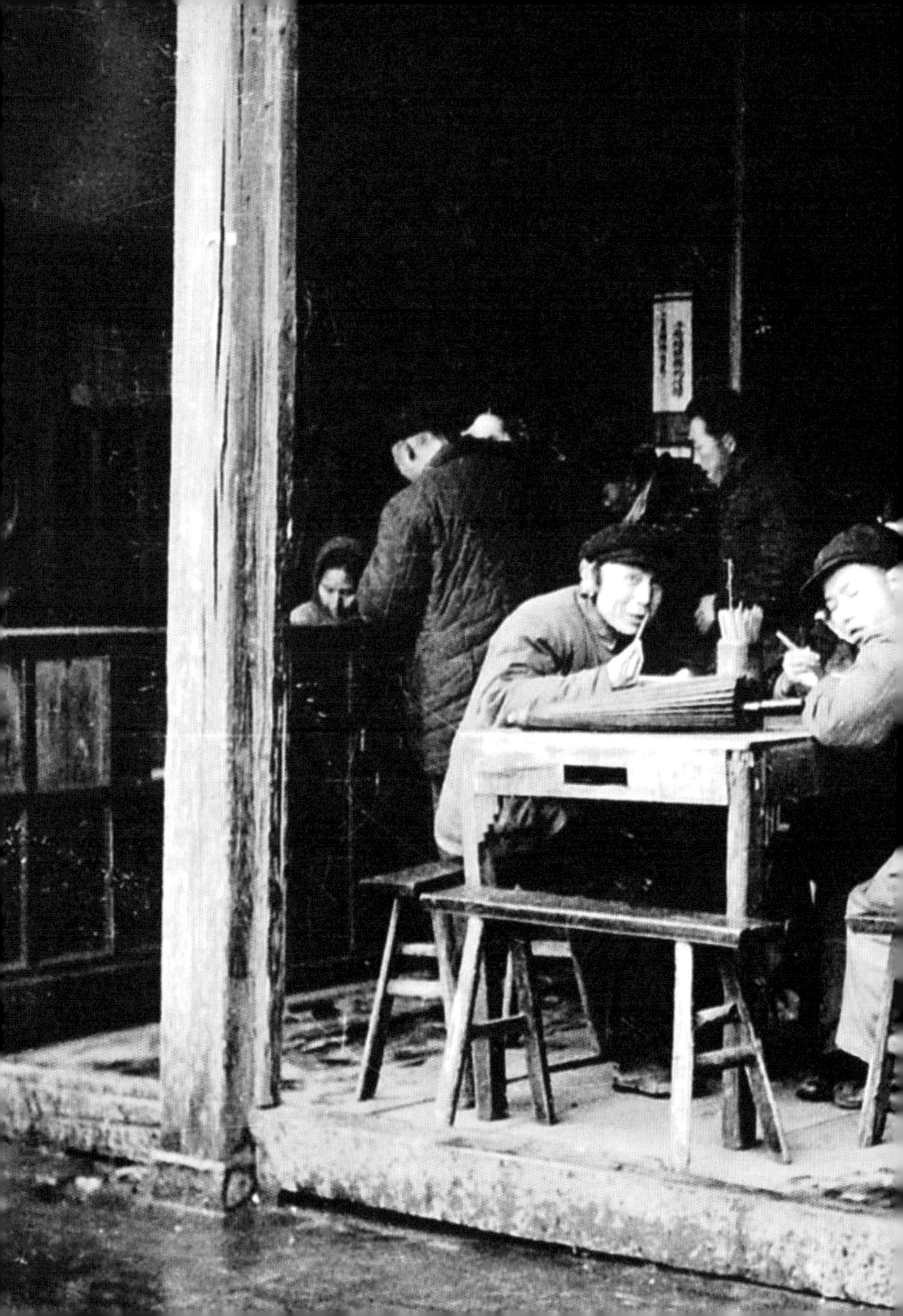

菜綠瓜肥产量多

CAI LÜ GUA FEI CHAN LIANG DUO